GLÁUCIA ROBERTA ROCHA FERNANDES
TELMA DE LURDES SÃO BENTO FERREIRA
VERA LÚCIA RAMOS

Muito Prazer

FALE O PORTUGUÊS DO BRASIL

© 2022 Glaucia Roberta Rocha Fernandes, Telma de Lurdes São Bento Ferreira e Vera Lúcia Ramos

Editoras
Vera Lúcia Ramos
Telma São Bento Ferreira

Revisão
Ana Lúcia Kfouri
Elvio Feliciano Fulvio Neto

Preparação
Giovana Marchese

Capa e Projeto gráfico
Joaquim Roddil

Ilustrações
Luciano de Paula Almeida

Imagens
shutterstock.com
depositphotos.com

Áudio
JM Produções
Responsável pelo áudio:
Arthur Carlos Andrade "Carlão"
Direção / Produção:
José Mário Velasco

Catalogação na publicação
Elaborada por Bibliotecária Janaina Ramos – CRB-8/9166

F363

Fernandes, Gláucia R. Rocha

Muito prazer: fale o português do Brasil / Gláucia R. Rocha Fernandes, Telma de Lurdes São Bento Ferreira, Vera Lúcia Ramos. – São Paulo: Lexikos, 2022.

(Muito prazer - fale o português do Brasil, V. 1)

200 p., il.; 21 X 28 cm

ISBN 978-65-81314-21-7

1. Linguagem e línguas - Estudo e ensino. 2. Português para estrangeiros. 3. Língua portuguesa. I. Fernandes, Gláucia R. Rocha. II. Ferreira, Telma de Lurdes São Bento. III. Ramos, Vera Lúcia. IV. Título.

CDD 413.028

Índice para catálogo sistemático
I. Linguagem e línguas - Estudo e ensino

[2022]
Todos os direitos desta edição reservados à LEXIKOS EDITORA LTDA.
www.lexikos.com.br
e-mail para pedidos: comercial@lexikos.com.br

Nenhuma parte desta publicação pode ser reproduzida, arquivada ou transmitida de nenhuma forma ou meio sem permissão expressa e por escrito da editora.

À minha mãe, que sempre me apoia e me ama incondicionalmente.
Aos meus amigos, que colorem minha vida.
À Vanessa Lourenço, que tanto me ensinou em tão pouco tempo neste mundo.
Gláucia

Ao meu pai Manuel.
Ao meu marido Ricardo e aos meus filhos Maria Sofia e João Ricardo.
À minha mãe Lurdes, in memoriam.
Telma

Às minhas primeiras companheiras de aulas e estudos dedicados aos estrangeiros:
Sandra Rosal Bezerra, Roseane Maria Mozena, Marisa Bertoncini e Yeda Alves de Oliveira.
A todos os meus queridos alunos que me ensinaram
e me ensinam todos os dias sobre a minha própria cultura aqui representados por:
Masashi Mizoguchi, Ryutaro Kiyota, Maikel van Elteren, Michiel Van de Pas e Ray Howard.
À minha irmã Malu, ao meu irmão José, ao meu cunhado Ismael, e aos meus sobrinhos:
Fábio, Rejane, Carolina, Wagner, Bianca e Larissa, pela melodia que representam em minha vida.
E à memória inesquecível dos meus pais, Ana e Otávio, que me ensinaram a respeitar as diferenças..
Vera

Agradecimentos

Aos nossos orientadores e professores, que nos influenciaram na busca pelo conhecimento de outras culturas e diferentes maneiras de comunicação verbal.

A todos os nossos alunos, aos leitores e professores, que sempre nos questionaram em busca de respostas sobre a língua portuguesa.

E, finalmente, a todos aqueles que, direta ou indiretamente, nos ajudaram a escrever este livro.

Apresentação

O objetivo do *Muito Prazer – Fale o Português do Brasil* é capacitar o aluno, de qualquer nacionalidade, que deseje aprender o português do Brasil, a comunicar-se com precisão e fluência. Para isso, o *Muito Prazer* oferece uma abordagem para o ensino e aprendizado do português brasileiro, que combina as melhores características das abordagens mais recentes de ensino de língua estrangeira, sem deixar de lado o estudo das estruturas que formam a língua portuguesa falada no Brasil. Para tanto, apresentamos o léxico e a gramática essenciais para uma boa comunicação em português, por meio de atividades estimulantes e contextualizadas, que apresentam a linguagem em uso na comunicação dos brasileiros.

Os temas escolhidos são de grande interesse e utilidade para qualquer aluno que queira aprender a língua portuguesa falada no Brasil e entrar em contato com os costumes dos brasileiros. As informações culturais estimulam as discussões e propiciam ao aluno oportunidades de comparação com sua própria cultura, muito valiosas na aprendizagem de uma língua estrangeira. Os temas são usados para integrar conversação, gramática, vocabulário, pronúncia, compreensão auditiva, leitura e escrita.

O *Muito Prazer – Fale o Português do Brasil* é um curso para alunos de nível iniciante a intermediário, cujo principal objetivo é fazer com que os alunos interajam uns com os outros e com o professor. Por darmos grande ênfase à interação oral, o aluno aprende a aplicar o que aprendeu para se comunicar. Além disso, as experiências de aprendizagem são personalizadas, pois o aluno fala sobre si e suas ideias, discutindo assuntos relevantes no seu dia a dia, o que possibilita uma troca de experiências. O livro também pode ser utilizado por autodidatas, visto que estão disponíveis as respostas de todos os exercícios e a transcrição dos textos de áudio. Dessa forma, é possível que o aluno confira suas respostas e escute os textos de áudio, com as respectivas transcrições, quantas vezes achar necessário.

Esta coleção abrange três livros, cada um com sete unidades. São apresentadas uma unidade de pronúncia e uma de revisão depois das unidades 3, 5 e 7, totalizando três de cada (exceto o Livro 3, que não apresenta unidade de pronúncia). As unidades são divididas em três lições (A, B e C) e uma parte final que as relaciona e as revisa, de acordo com o tópico principal da unidade. Cada lição (exceto a Unidade 1) é composta por:

Panorama: seu objetivo é introduzir e contextualizar o assunto que será abordado, utilizando o conhecimento prévio do aluno, a fim de prepará-lo para o conteúdo que será apresentado.

Diálogo: os diálogos foram elaborados para tentar recriar situações da vida real no país, com uma linguagem apropriada para diferentes tipos de contextos (registros formal e informal). Por meio deles, o aluno entra em contato com as estruturas gramaticais e vocabulário que serão praticados nos exercícios seguintes. Além disso, o aluno terá oportunidade de praticar pronúncia e compreensão auditiva.

Construção do conteúdo: primeiramente, por meio de exercícios escritos controlados e depois com exercício oral mais livre, o aluno poderá consolidar as estruturas estudadas e aplicá-las, a fim de aumentar sua competência comunicativa.

Ampliação do vocabulário: nesta seção, o aluno aprende palavras relacionadas ao assunto da lição de maneira ativa, ou seja, pode utilizá-las em exercícios orais ou reconhecê-las em exercícios de compreensão auditiva.

Na parte final da unidade (Lições A, B e C), o aluno revê o conteúdo das três lições. Esta parte é dividida em **Compreensão auditiva**, **Aplicação oral do conteúdo**, **Leitura**, **Redação** e **Consolidação lexical**.

Compreensão auditiva: nesta seção, o aluno revê o conteúdo da unidade de maneira passiva, ou seja, tem mais uma oportunidade de reconhecer e internalizar estruturas e vocabulário vistos anteriormente.

Aplicação oral do conteúdo: nesta seção, o aluno, novamente, tem a oportunidade de aplicar comunicativamente o conteúdo da unidade, dessa forma, consolidando seu conhecimento e sistematicamente melhorando a fluência oral.

Leitura: os textos da leitura, em sua grande maioria, foram tirados de fontes autênticas (jornais, revistas, internet) e adaptados ao nível do conhecimento linguístico do aluno. Além dos exercícios de compreensão que os seguem, também há exercícios que fazem com que o aluno fale um pouco mais de si e de sua realidade.

Redação: a proposta de atividade escrita tem a finalidade de fazer com que o aluno utilize o vocabulário e a gramática aprendidos, até aquele momento, e escreva sobre um tópico visto na unidade.

Consolidação lexical: inspirada na abordagem lexical, esta seção tem a finalidade de organizar o vocabulário aprendido na unidade, de modo que o aluno fixe melhor as combinações mais frequentes de palavras e estruturas aprendidas.

Além disso, os exemplos e atividades elaborados a partir da linguagem corrente do português do Brasil procuram mostrar como certas palavras e expressões se comportam em determinados contextos.

Os quadros *Note que:* e *Na conversação:* chamam a atenção do aluno para expressões típicas da língua falada ou escrita. Além disso, o *Lembra*, como o nome assim sugere, faz o aluno relembrar tópicos importantes anteriormente estudados. As estruturas repetidas aparecem recicladas em outras unidades como parte essencial da construção de um conhecimento mais avançado.

O reforço da aprendizagem também acontece nas unidades de **Revisão** que aparecem ao final das unidades 3, 5 e 7 de cada livro. Além delas, seis seções de **Pronúncia do português** antecedem as unidades de revisão, nos livros 1 e 2, três seções em cada livro. A pronúncia, que pode ser trabalhada pelo professor em aula ou pelo próprio aluno com o auxílio das faixas de áudio, além de estar presente nos diálogos, é enfatizada mais sistematicamente nessas seis seções especializadas. Nelas, alguns dos sons de maior dificuldade para o aluno estrangeiro são explicados de maneira clara e sucinta, com exercícios de prática contextualizada, que ajudam os alunos a aprimorar sua pronúncia. O aluno pode ouvir e repetir os exercícios com os áudios quantas vezes quiser, de acordo com sua necessidade.

Os três livros da coleção *Muito Prazer* foram elaborados para ser usados em sequência e é importante mencionarmos que os livros, de modo algum, esgotam as possibilidades de aprendizagem de cada aluno. Por isso, julgamos essencial que o professor adapte o material, caso seja necessário, para satisfazer as necessidades educacionais, interesses e estilos de aprendizagem de seus alunos.

Antes de encerrarmos esta breve apresentação, devemos acrescentar três observações pontuais presentes no material. A primeira refere-se ao uso do masculino genérico nas instruções dos exercícios para indicar o "neutro", ou seja, optamos por *o professor* e não *o/a professor/a*, *fale com o colega* e não *fale com o/a colega* etc., por questões didáticas. Escrevemos neutro entre aspas porque sabemos que a ideia de representar o neutro não existe em português e que o uso genérico do masculino tem origem no latim, língua usada pela sociedade Romana, majoritariamente dominada por homens. Mesmo assim, esta foi nossa opção e queremos enfatizar que tal uso é exclusivamente por motivos didáticos, como mencionado anteriormente.

A segunda observação diz respeito ao uso do artigo definido antes dos nomes próprios, uso observado principalmente na cidade de São Paulo. Assim, como representantes dessa cidade, não teríamos como não usar essa marca sem sermos artificiais.

A terceira está ligada à língua gravada nos áudios, que não explora as diferenças fonéticas na fala dos brasileiros dentro do território nacional, ou seja, os áudios foram gravados por profissionais da cidade de São Paulo e, dessa forma, retrata o modo de pronunciar os sons da língua como o fazem as pessoas da cidade de São Paulo. Como é sabido, não existe unicidade em nenhuma língua, uma vez que toda língua varia, e para apresentar as variedades do português brasileiro, procuramos fazê-lo por meio de dicas em material avulso disponível nos sites www.lexikos.com.br e www.muitoprazerlivro.com.br para *download*.

Nós agradecemos seus comentários e experiências ao usar esta coleção! Bons estudos!

Um abraço,

As autoras

Como aproveitar melhor o seu livro

- Este é um livro com respostas e transcrição do áudio, para você tirar o máximo proveito dele.

- Assuma a responsabilidade de seu aprendizado.

- Ouça o áudio antes de ler o diálogo.

- Use as figuras e imagens para entender o conteúdo dos textos, assim como do vocabulário.

- Crie uma rotina de estudo e tente segui-la regularmente.

- Organize um caderno de estudos só seu e anote tudo o que for de seu interesse.

- Encare o aprendizado do português do Brasil como algo gostoso e divirta-se.

- Use os assuntos do livro como guia para estimular sua curiosidade sobre o Brasil e a Língua Portuguesa.

- Amplie os seus conhecimentos sobre a cultura brasileira junto a outras fontes.

E bons estudos!

Sumário

Significado dos ícones nos exercícios

Escreva.

Associe.

Escute.

Downloads gratuitos de exercícios para alunos e professores, acesse: **www.muitoprazerlivro.com.br**

Para ouvir todos os áudios ou fazer o download dos arquivos, aponte com a câmera para o QR Code ou acesse o link abaixo:
https://qrco.de/MPlivro1

Unidade 1

Unidade 2

Unidade 3

Unidade 4

Unidade 5

Unidade 6

Unidade 7

Antes de começarmos

Expressões de sobrevivência

Unidade

1

Muito Prazer

Lição A

Diálogo

Yuri: Oi. O meu nome é Yuri.
Marta: Olá. Eu sou a Marta.
Yuri: Muito prazer, Marta.
Marta: O prazer é meu.

No dia seguinte...

Yuri: Oi, Marta. Tudo bem?
Marta: Tudo bem e você?
Yuri: Tudo. Marta, qual é o seu sobrenome?
Marta: É Perez. E o seu?
Yuri: Sibuks.
Marta: Hã? Como se escreve?
Yuri: S – I – B – U – K – S.

Na conversação:
O prazer é meu = Igualmente

Lição A

Gramática

Pronomes pessoais e Verbo *ser*

SINGULAR	PLURAL
Eu sou a Marta.	**Nós somos** a Marta e o Yuri.
Você é o Yuri?	**Eles são** o João e a Maria.
Ele é o João.	**Elas são** a Clara e a Sônia.
Ela é a Maria	**Vocês são** o Jorge e a Carla?

Lição A

Construção do conteúdo

A. Complete as frases. Depois compare com um colega.

1. O meu nome é ______________.
2. Eu sou o/a ______________.
3. O meu sobrenome é ______________.

B. Complete o diálogo abaixo.

Paulo: Oi. O meu nome ______________ Paulo.
Carlos: Oi. Muito prazer. Eu ______________ o Carlos.
Paulo: O prazer ______________ meu.

C. Responda às perguntas.

1. Tudo bem? ______________ ______________
2. Qual é o seu nome? ______________
3.. Qual é o seu sobrenome? ______________

D. Oral: Apresente-se a seus colegas. Use o diálogo 1 como exemplo.

Lição A

Ampliação do vocabulário

aixa 04

O alfabeto

A B C (Ç) D E F G H I J K
L M N O P Q R S T U
V W X Y Z

A. Como se escrevem os seguintes nomes? Escute e marque a resposta correta.

aixa 05

1. ( ) Gonçalves ( ) Gonsalves
2. ( ) Maique ( ) Mike
3. ( ) Chavier ( ) Xavier
4. ( ) Luiz ( ) Luis
5. ( ) Nanci ( ) Nancy

B. Complete o diálogo abaixo. Depois pratique com o seu nome.

Cláudia: Oi. O meu nome ______________ Cláudia.
Sílvia: Olá. Muito prazer. O meu ______________é Sílvia.
Cláudia: O prazer é ______________.
Sílvia: Cláudia, qual ______________ o seu sobrenome?
Cláudia: Zorodoguoi.
Sílvia: Como?
Cláudia: Zorodoguoi.
Sílvia: Como se ______________?
Cláudia: Z – O – R – O – D – O – G – U – O – I.

Na conversação:
Oi é mais comum que *Olá*

Lição B

Panorama

Faixa 06

Na conversação:
Senhor = *Seu* é usado antes do primeiro nome ou o sobrenome, por exemplo, senhor Ricardo = seu Ricardo.

Cumprimentos

A. Escute e pratique.

1. **Bete:** Oi, Maria, tudo bem?
Maria: Tudo, Bete. E você?

2. **Jorge:** Bom dia, *seu* Ricardo. Como vai?
Ricardo: Bem, obrigado, Jorge. E você?

3. **Daniel:** Boa tarde, Solange.
Como vão as coisas?
Solange: Bem, obrigada. E você?

4. **Pedro:** Boa noite, Ronaldo. Tudo bom?
Ronaldo: Tudo, obrigado. E você, Pedro?

B. Cumprimente as pessoas da sua classe.

Lição B

Diálogo

aixa 07

Marta: Yuri, você é russo?
Yuri: Não, sou brasileiro. O meu pai é russo e a minha mãe é brasileira. E você é brasileira?
Marta: Não, sou argentina e os meus pais também. Sou secretária aqui.
Yuri: Eu sou engenheiro.

Renato: Oi, Tita. A sua caneta, obrigado.
Marta: De nada.

Note que:
Que legal! (informal) = *Que interessante!*

Yuri: Tita?!
Marta: Tita é o meu apelido. E o seu?
Yuri: Yuka.
Marta: Ah, é? *Que legal!* Bem, eu preciso ir. Tchau.
Yuri: Tchau.

Lição B

Gramática

Artigo definido, Pronome adjetivo possessivo, Pronome pessoal

ARTIGO DEFINIDO
o(s) apelido(s)
a(s) caneta(s)

ARTIGO DEFINIDO E PRONOME ADJETIVO POSSESSIVO
Tita é **o meu** apelido.
E **o seu**?
A minha mãe é brasileira.
A sua caneta, obrigado.

PRONOME PESSOAL
singular / plural
Eu
Tu
Você (Ele/ Ela)
Nós
Vós
Vocês (Eles/ Elas)

PRONOME ADJETIVO POSSESSIVO
masculino singular (plural)
feminino singular(plural)
meu(s) minha(s)
teu(s) tua(s)
seu(s) sua(s)
nosso(s) nossa(s)
vosso(s) vossa(s)
seu(s) sua(s)

Tu é usado em algumas regiões do Brasil
e *vós* é usado em poucas regiões do Brasil.

Você é usado no lugar de *tu* em muitas regiões do Brasil.

Teu(s) e *tua(s)* são usados na conversação.
Vosso(s) e *vossa(s)* não são usados no português do Brasil contemporâneo.

Lição B

Construção do conteúdo

A. Complete os espaços com pronomes adjetivos possessivos.

1. O ________________ sobrenome é Gagarin. (eu)
2. A ________________ mãe é argentina? (ela)
3. O ________________ nome é Joseph? (você)
4. Os ________________ pais são estrangeiros. (eu)
5. A ________________ mãe não é brasileira. (eu)
6. O ________________ apelido é Beto? (ele)
7. Os ________________ sobrenomes são Fontes e Rodrigues? (vocês)

B. Complete o diálogo abaixo com pronomes pessoais e pronomes adjetivos possessivos.

Carla: Oi. O ________________ nome é Carla. E o ________________?

Marcos: O ________________ nome é Marcos. Muito prazer.

Carla: O prazer é ________________.

Marcos: Carla, ________________ é brasileira?

Carla: ________________ sou, mas a ________________mãe é mexicana.

Marcos: Nossa! A__________ mãe não é brasileira também. ____________é italiana.

C. Oral: Entreviste um colega. Faça as seguintes perguntas:

1. Nome?

2. Sobrenome?

3. Apelido?

4. Mãe / brasileira?

5. Pai / russo?

Lição B

Ampliação do vocabulário

Nacionalidades I

SINGULAR		PLURAL	
masculino	**feminino**	**masculino**	**feminino**
argentino	argentina	argentinos	argentinas
brasileiro	brasileira	brasileiros	brasileiras
italiano	italiana	italianos	italianas
mexicano	mexicana	mexicanos	mexicanas
russo	russa	russos	russas

Profissões I

SINGULAR		PLURAL	
masculino	**feminino**	**masculino**	**feminino**
advogado	advogada	advogados	advogadas
enfermeiro	enfermeira	enfermeiros	enfermeiras
engenheiro	engenheira	engenheiros	engenheiras
médico	médica	médicos	médicas
secretário	secretária	secretários	secretárias

A. Encontre no caça-palavras (→↓)
4 nacionalidades (1 masculino singular, 1 feminino singular, 1 masculino plural e 1 feminino plural) e 4 profissões (1 masculino singular, 1 feminino singular, 1 masculino plural e 1 feminino plural):

T	Ç	S	E	C	R	E	T	Á	R	I	O
J	G	H	I	A	L	O	V	F	U	B	M
E	R	B	N	Z	E	T	Q	X	S	G	E
S	D	E	H	M	C	E	V	U	S	N	X
Q	A	R	G	E	N	T	I	N	A	S	I
E	T	H	I	D	X	N	I	T	L	R	C
B	R	A	S	I	L	E	I	R	O	X	A
H	F	I	U	C	Z	Q	P	R	I	A	N
L	A	D	V	O	G	A	D	A	S	Q	O
G	A	F	T	S	S	I	A	S	C	L	S
X	E	N	F	E	R	M	E	I	R	A	O

B. Coloque as nacionalidades e profissões encontradas na tabela abaixo.

	masculino singular	feminino singular	masculino plural	feminino plural
1. nacionalidades				
2. profissões				

Lição C

Panorama

Faixa 08

Na conversação:
Pro = *Para o*.
Pra = *Para* ou *Para a*.

Despedidas

A. Escute e pratique.

1. **Bete:** Tchau, Maria.
Maria: Tchau.
Bete: Até.

2. **Jorge:** Tchau, seu Ricardo. Bom dia *pro* senhor.
Ricardo: Obrigado, Jorge. *Pra* você também. Até amanhã.

3. **Daniel:** Até mais, Solange. Boa tarde.
Solange: Tchau, *obrigada*. Pra você também.

4. **Pedro:** Tchau, Ronaldo. Boa noite.
Ronaldo: *Obrigado*. Pra você também.

B. Oral: Despeça-se dos colegas.

Lição C

Diálogo

Faixa 09

Consolação: Toshio, você é japonês?
Toshio: Não, sou brasileiro. O meu pai é japonês e a minha mãe é brasileira. E você é brasileira?
Consolação: Não, sou espanhola. Sou professora.
Toshio: Eu sou dentista.
Consolação: Ah, é? *Que interessante*!

Lembra?
Que interessante! = *Legal* / *Que legal!*

Lição C

Ampliação do vocabulário

Nacionalidades II

SINGULAR	
masculino	**feminino**
chinês	chinesa
francês	francesa
japonês	japonesa
espanhol	espanhola
masculino / feminino	
canadense	

PLURAL	
masculino	**feminino**
chineses	chinesas
franceses	francesas
japoneses	japonesas
espanhóis	espanholas
masculino / feminino	
canadenses	

Profissões II

SINGULAR	
masculino	**feminino**
escritor	escritora
professor	professora
masculino / feminino	
dentista	
motorista	

PLURAL	
masculino	**feminino**
escritores	escritoras
professores	professoras
masculino / feminino	
dentistas	
motoristas	

A. Passe para o feminino ou para o masculino.

1. Ela é japonesa. ____________________
2. Ela é motorista. ____________________
3. A minha mãe é enfermeira. ____________________
4. O meu pai é francês. ____________________
5. O meu dentista é canadense. ____________________

B. Passe para o plural.

1. Ele é engenheiro. ____________________
2. Eu sou brasileira. ____________________
3. Você é escritor. ____________________
4. Ela é chinesa. ____________________
5. Você é espanhol. ____________________

C. Complete as frases abaixo com as nacionalidades e profissões.

1. Eduardo e João são ____________________. (engenheiro)
2. Maria é ____________________. (espanhol)
3. Filomena e Jorge são ____________________. (brasileiro)
4. Lívia e Manuela são ____________________. (advogado)
5. André é ____________________. (dentista)

Lições A, B e C

Compreensão auditiva

Faixa 10

A. Escute os diálogos a seguir e escolha a alternativa correta.

1. Júlia é

( ) advogada
( ) secretária
( ) engenheira

2. O sobrenome de Sandro é

( ) Ferreira
( ) Ferrera
( ) Ferreria

3. O pai de John é

( ) argentino
( ) brasileiro
( ) mexicano

Lições A, B e C

Aplicação oral do conteúdo

A. Crie diálogos seguindo as instruções.

1. Apresente-se a um colega.
2. Pergunte o seu sobrenome e como se escreve.

No dia seguinte...

3. Encontre o seu colega e cumprimente-o.
4. Pergunte o seu apelido.
5. Faça perguntas sobre nacionalidade e profissão.
6. Pergunte sobre a nacionalidade dos pais (pais = mãe + pai).
7. Despeça-se.

Repita o roteiro com diferentes colegas.

Leitura

Perfis de redes sociais

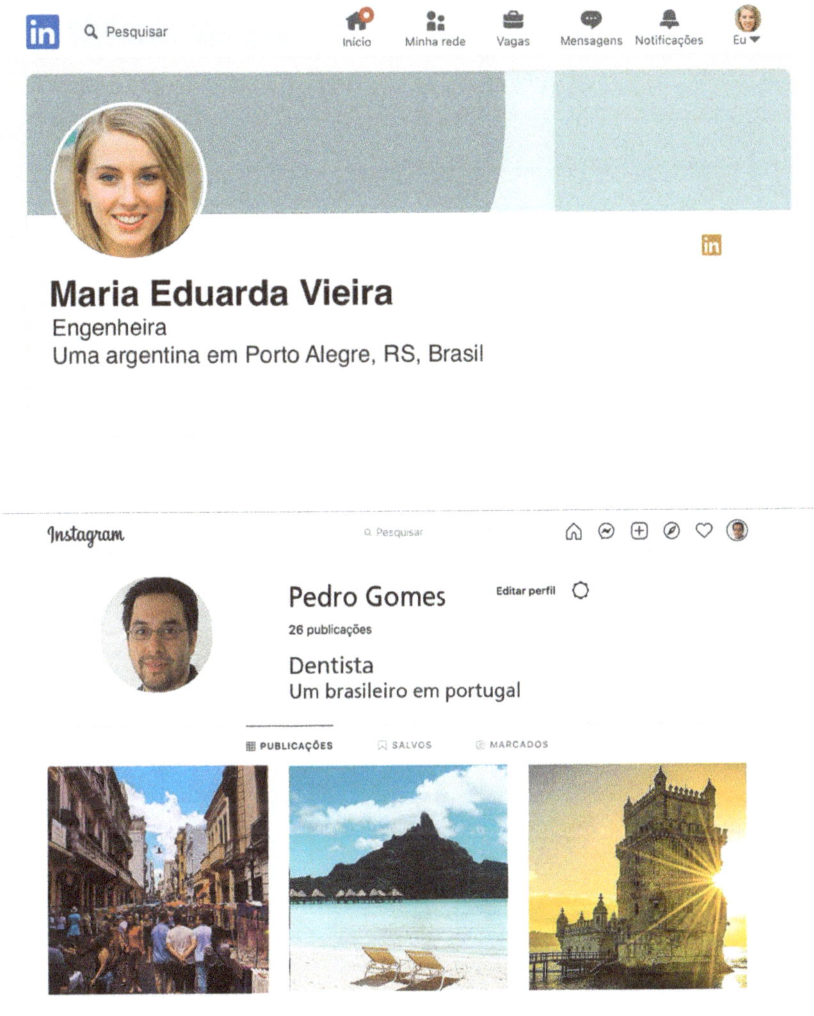

A. Preencha o quadro abaixo

	Maria Eduarda	Pedro
profissão		
nacionalidade		

B. Você usa LinkedIn e Instagram?

___

___

Redação

Apresente-se! Escreva o seu nome, sobrenome, apelido, a sua profissão e nacionalidade.

____

____

____

____

____

Consolidação lexical

Expressões

A. Escreva a resposta apropriada para cada expressão.

Oi, o meu nome é Ricardo.

Oi, muito prazer. Eu sou a Maria.

O meu apelido é Blanche.

Qual é a sua nacionalidade?

Qual é a sua profissão?

Tchau! Até mais.

Unidade

2

Este é o meu amigo Paulo

Lição A
Panorama

Apresentações

Apresente a pessoa que está ao seu lado, usando *este(a)*.
Depois use *esse(a)* e *aquele(a)* para as pessoas que estão mais longe de você.

Lição A

Diálogo

Carmem: Suzana? Você aqui? Quanto tempo! Tudo bem?
Suzana: Carmem! Tudo e você?
Carmem: Tudo. Suzana, *este* é o meu amigo Paulo.
Suzana: Muito prazer.
Paulo: O prazer é meu.

Na conversação:
Este(a) = Esse(a)

Lição A

Gramática

Pronome adjetivo demonstrativo

Este é o Paulo.
Essa é a Karen.
Aquele é o Fernando.

PRONOME ADJETIVO DEMONSTRATIVO	
SINGULAR / PLURAL	SINGULAR / PLURAL
masculino	**feminino**
este / estes	esta / estas
esse / esses	essa / essas
aquele / aqueles	aquela / aquelas

Lição A

Construção do conteúdo

A. Observe as figuras e complete as frases com o pronome adjetivo demonstrativo adequado.

1. "______________é a Paula."

2. "______________são o Luiz e a Renata."

3. "______________é a sua mãe?"

4. "______________são o Carlos e o Jorge."

5. "______________é minha irmã Suzana."

6. "_______senhoras são americanas."

B. Complete os diálogos seguintes com o pronome adjetivo demonstrativo adequado.

1. **Carlos:** Lúcia,________ são os novos diretores?
Lúcia: Não. __________ são os advogados.
Carlos: A mulher também?
Lúcia: __________ é a nova médica.

2. **Caio:** Oi, Artur. __________ é a Karina. Ela é nova aqui. Karina,__________ é o Artur, meu amigo.
Karina: Oi, Artur. Tudo bem?
Artur: Tudo.

3. **Menina:** Mãe, __________ é o Paulinho?
Mãe: É sim.

C. Oral: Apresente duas pessoas próximas a você. Identifique pessoas longe de você.

Lição A

Ampliação do vocabulário

Expressões

Quanto tempo! = Faz tempo!

Inversão

Este é o meu amigo Paulo. = Este é o Paulo, meu amigo.

A. Ligue as expressões às respostas.

1. Prazer	a. Bem, obrigada!
2. Com licença.	b. Tudo!
3. Oi, tudo bem?	c. Toda.
4. Tchau!	d. De nada!
5. Como vão as coisas?	e. Igualmente.
6. Obrigado!	f. Tudo, e você?
7. Quanto tempo! Tudo bem?	g. Tchau, até amanhã!

B. Faça a inversão das frases abaixo.

1. Essa é a Solange, a minha dentista.

____

2. Estes são os meus colegas Rodrigo e Avanir.

____

3. Aquele é o meu médico Pedro.

____

4. Aquelas são a Giovanna e a Natália, as minhas secretárias.

____

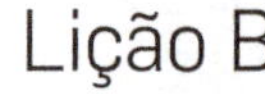

Lição B

Faixa 12

Panorama

Números I

0 zero	**4** quatro	**8** oito
1 um, uma	**5** cinco	**9** nove
2 dois, duas	**6** seis	**10** dez
3 três	**7** sete	

Qual é o número do seu telefone?

e-mail

szwy@muitoprazerlivro.com.br

@ = arroba

. = ponto

_ = underscore, no Brasil falamos underline.

- = traço (hífen)

Qual é o seu e-mail? Pergunte o e-mail dos seus colegas.

Lição B

Diálogo

aixa 13

Karen: Fernanda, esta é a minha amiga Neuza.
Fernanda: Muito prazer.
Neuza: Igualmente.
Fernanda: Desculpem. Preciso ir. Eu *te* ligo, Karen.
Karen: Meu telefone agora é 21-9888-5293.
Fernanda: Você pode repetir?
Karen: 21-9888-5293.
Fernanda: E o seu e-mail?
Karen: karendominoke@muitoprazerlivro.com.br. E o seu?
Fernanda: fernanda_silva@muitoprazerlivro.com.br. Tchau. Bom fim de semana.
Karen: Tchau. Obrigada. Pra você também.

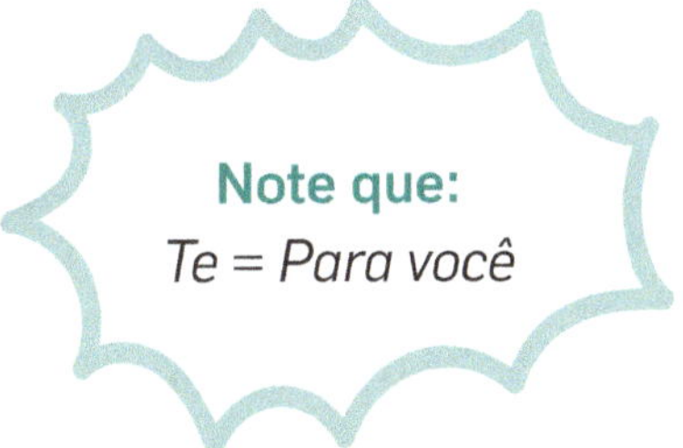

Note que:
Te = Para você

Lição B

Gramática

Verbos: *precisar* e *ligar*

Verbo *precisar* + verbo
Desculpem. **Preciso** ir.

Verbo *ligar* + preposição + pronome
Eu **ligo para você**.

Pronome (te) + verbo *ligar*
Eu **te ligo**, Karen.

Verbo *ligar*
Eu **ligo**.

Presente do Indicativo
Precisar

Eu	precis**o**
Você Ele Ela A gente	precis**a**
Nós	precis**amos**
Vocês Eles Elas	precis**am**

Os verbos em português têm final em:
-ar = 1ª conjugação – precisar
-er = 2ª conjugação – poder
-ir = 3ª conjugação – repetir

O verbo *ligar* é regular e da 1ª conjugação.

Você é usado como pronome pessoal no lugar de *tu* em muitas regiões do Brasil.
A gente é usado como pronome pessoal e significa *nós*.

Lição B

Construção do conteúdo

A. Complete com o verbo *precisar* na forma correta.

1. Nós________ estudar mais.
2. Os meus professores______ enviar os testes.
3. A Norma______ telefonar.
4. Eu_________ viajar.
5. Você_________ ir.

B. Complete com o verbo *ligar* na forma correta.

1. O Paulo_________ todos os dias?
2. Nós te__________ sempre.
3. Eu não te_________ aos domingos.
4. A sua dentista te_________ nos finais de semana?
5. A gente te____________.

C. Complete o diálogo com os verbos *Precisar* e *Ligar*.

Júnior: Oi, Marcela. Tudo bem?

Marcela: Oi, Júnior. Tudo e você?

Júnior: Tudo bem. Marcela, eu___________(precisar) falar com a Marta.
Você____________(ligar) sempre pra ela, né?

Marcela: Eu____________(ligar).

Júnior: Você______(precisar) ligar para ela hoje?

Marcelo: Hoje não.

D. Oral: Você está na rua e encontra um colega. Crie um diálogo seguindo as instruções.

1. Cumprimente-o.
2. Pergunte o e-mail.
3. Pergunte o telefone.
4. Diga que precisa ir.
5. Diga que liga para ele. Repita o diálogo com outros colegas.
6. Despeça-se.

Lição B

Ampliação do vocabulário

Verbos

ligar = telefonar
falar = conversar
conectar = ligar
mandar = enviar
ligar ≠ desligar

A. Ligue os verbos com as seguintes palavras. Mais de uma alternativa é possível.

1. ligar
2. falar
3. mandar
4. enviar
5. conversar
6. conectar
7. desligar

a) e-mail
b) mensagem (de texto ou de voz)
c) ao (no) celular
d) o computador / o laptop/ o notebook / o tablet
e) pelo smartwatch
f) para um amigo
g) com um amigo
h) o teclado ao (no) computador

Faixa 14

B. Escute os diálogos abaixo e complete com os números que ouvir.

1. Diálogo 1:

____

2. Diálogo 2:

____

3. Diálogo 3:

____

Lição C
Panorama

Respostas a respeito de pessoas

Fale sobre a Mitiko: A Mitiko é ...

Fale sobre você: Eu sou ... Eu moro ...

Lição C

Diálogo

Sônia: O que é isso?
André: É um porta-retrato digital.
Sônia: São as fotos de sua família?
André: *Isso.*
Sônia: Nossa, que homem bonito! Quem é ele?
André: É o Fernando, meu irmão. Ele não mora aqui.
Sônia: Onde ele mora?
André: Em Toulouse, na França.

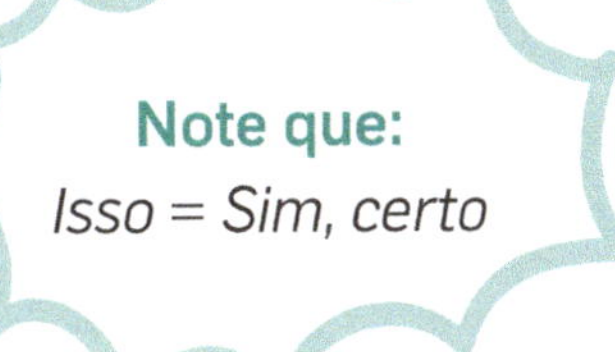

Lição C

Gramática

Pronome adjetivo demonstrativo e Verbo *morar* + Preposição *em*

A: O que é **isso**?
B: **Isso**?
Isto é um computador.
Isso é um porta-retrato digital.
Aquilo é um livro.

(perto)	isto
(± longe)	isso
(longe)	aquilo

Na conversação:
Isto = *Isso*

Note que:
Isto, *Isso* e *Aquilo* são usados para indicar coisas e não pessoas.

Verbo *morar* + Preposição *em* + artigo + país

Ele **mora na** França.
em + a
A gente **mora no** Brasil.
em + o
Eu **moro nos** Estados Unidos.
em + os
Elas **moram nas** Antilhas.
em + as

Exceção: **Em** Portugal. Ele **mora em** Portugal.

Verbo *morar* + Preposição *em* + cidade
Ele **mora em** Toulouse.
Nós **moramos em** Tóquio. = A gente **mora em** Tóquio.

Exceção: **No** Rio de Janeiro. Você **mora no** Rio?
em + o

Lembra?
O verbo *morar* é da 1ª conjugação.

Presente do Indicativo
Morar

Eu	mor**o**
Você Ele Ela A gente	mor**a**
Nós	mor**amos**
Vocês Eles Elas	mor**am**

Lição C

Construção do conteúdo

A. Observe as figuras e complete as orações com pronome demonstrativo: *isso*, *isto* ou *aquilo*.

1. "____________ é um smartwatch."

2. "O que é ______________?"

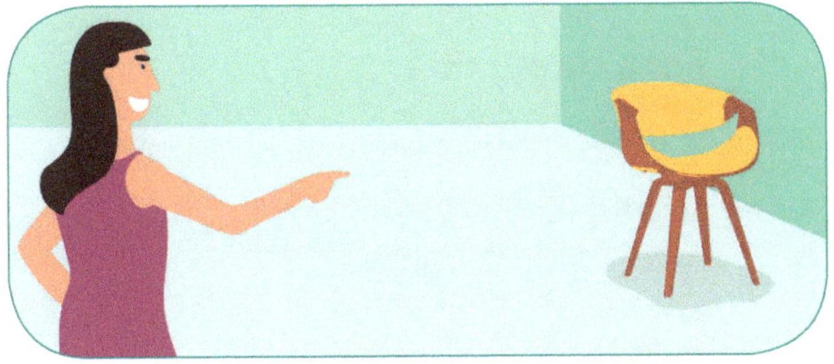

3. "__________ é uma cadeira moderna".

4. "____________ é uma caneta tinteiro."

B. Ache a parte que completa a oração.

a. Juliana... ( )
b. O meu pai e eu... ( )
c. Os novos enfermeiros... ( )
d. Eu... ( )
e. A sua médica... ( )
f. João e Rogério... ( )
g. Nós... ( )

1. *moram* aqui.
2. *moro* no Brasil.
3. *mora* na França.
4. *moramos* em São Paulo.

C. Preencha com *em*, *na* ou *no*.

1. Josué mora _____ Salvador.
2. Carina mora _____ Paris.
3. Joaquim e Maria moram _____ China.
4. Mariana mora _____ Portugal com a sua mãe.
5. Rubens e Leandro moram _____ Rio de Janeiro.

D. Oral:

1.Pergunte aos colegas onde moram.
2. Conte ao grupo o que sabe sobre os colegas.

Lição C

Ampliação do vocabulário

Relacionamentos I

Na família
mãe – pai (mãe + pai = pais)
esposa/mulher – marido
filha – filho
irmã – irmão

Fora da família
amiga – amigo
namorada – namorado
a colega – o colega

A. Passe para o feminino.

1. O meu marido é motorista de táxi. ______________________________
2. Ele é meu amigo. ______________________________
3. Qual o nome do seu pai? ______________________________
4. Ela sempre liga para o namorado. ______________________________
5. Onde mora a sua colega? ______________________________
6. Ele é filho único. ______________________________

B. Escreva sobre os seus pais, irmãos, marido, a sua esposa ou os seus filhos. Quais os nomes deles? Onde eles moram?

Lições A, B e C

Compreensão auditiva

aixa 16

Escute os diálogos. Complete as informações sobre cada pessoa.

Nome	e-mail	telefone	residência
Marina			
Ricardo			
Sandra			

Lições A, B e C

Aplicação oral do conteúdo

Apresente-se a um colega. Pergunte o telefone e e-mail. Pergunte onde mora. Complete a tabela a seguir.

Nome	e-mail	telefone	residência

Com outro colega fale sobre a pessoa que você entrevistou. Identifique a pessoa, dê o e-mail e telefone. Diga onde mora.

Leitura

Recados

A. Leia os recados abaixo e responda às perguntas.

Note que:
Res. = *telefone residencial, casa*
Com. = *telefone comercial, empresa*
Cel. = *telefone celular*

Sr. Afonso (8888-4441)
ligar para o Sr. Luiz Romera
Tel. Com: 8888-3842
Ou cel. 8888-3844.
Ligar às 18h00
URGENTE!

Srta. Adriana enviar carta
para o Sr. Marcelo
Martinho da filial da
Bahia
Av. da Independência. 22 -
Salvador - Bahia

Sra. Mercedes mandar
um e-mail para o
Sr. Eduardo Perez
e.perez@muitoprazer.br
Enviar a lista de preços
HOJE. Tel: 8888-3344

1. Qual é o e-mail do Sr. Eduardo?
2. Qual o número do celular do Sr. Romera?
3. Qual é o endereço do Sr. Marcelo na Bahia?

Note que:
Sr. (primeiro nome, sobrenome ou nome completo) = formal = *homem*
Sra. (primeiro nome, sobrenome ou nome completo) = formal = *mulher casada*
Srta. (primeiro nome, sobrenome ou nome completo) = formal = *mulher solteira*

Redação

Escreva um recado utilizando o exercício **A** da **Leitura** como modelo.

____

____

____

____

Consolidação lexical

Verbos e seus complementos I

Inclua três palavras ou expressões que podem ser usadas depois dos verbos abaixo.
Ex: morar em São Paulo

morar

mandar

falar

precisar

estudar

ligar

Unidade

3

Quantos anos ele tem?

Lição A

Panorama

Faixa 17

Números II

11 onze
12 doze
13 treze
14 catorze ou quatorze
15 quinze
16 dezesseis
17 dezessete
18 dezoito
19 dezenove
20 vinte
21 vinte e um / vinte e uma
22 vinte e dois / vinte e duas
23 vinte e três
24 vinte e quatro
25 vinte e cinco
26 vinte e seis
27 vinte e sete
28 vinte e oito
29 vinte e nove
30 trinta
31 trinta e um / trinta e uma
32 trinta e dois / trinta e duas
33 trinta e três
40 quarenta
50 cinquenta

Paulo: Quem é ele?
Jorge: É o meu filho Roberto.
Paulo: Onde ele mora?
Jorge: Na Argentina.
Paulo: Quantos anos ele tem?
Jorge: 29.

Fale sobre o Roberto:
O Roberto ...

Fale sobre você:
Eu sou ...
Eu moro ...
Eu tenho ...

Lição A
Diálogo

ixa 18

Beatriz: Esta foto é do seu filho?
Suzana: É. E essa aqui é a namorada dele.
Beatriz: Namorada? Quantos anos ele tem?
Suzana: 23.
Beatriz: Já?
Suzana: É, o tempo passa.

Lição A
Gramática

Pronomes possessivos e Verbo *ter*

Essa aqui é a namorada **dele.**
Esse aqui é o namorado **dela.**
Aquela é a mãe **deles.**
Aquele é o pai **delas.**

PRONOME POSSESSIVO SINGULAR/PLURAL			
masculino		**feminino**	
dele	deles	dela	delas

dele(s) /dela(s) = seu(s) /sua(s)

Note que:
Usamos *dele(s)* / dela(s) no lugar de *seu(s)* / *sua(s)* para evitar ambiguidade.

Exemplo de frase com ambiguidade:
O professor fala com a Júlia e o Pedro sobre os ***seus*** exames.
Seus exames = exames de Júlia e de Pedro.
Ou
Seus exames = exames do professor.

Exemplo de frase sem ambiguidade:
O professor fala com a Júlia e o Pedro sobre os exames ***deles***.
[deles = exames da Júlia e do Pedro]

Por exemplo:

A: Quem é ele?
B: É o meu filho.
A: E ela?
B: É a namorada dele.

A: Quem é ele?
B: É o meu filho.
A: E ela?
B: É a sua namorada.

Presente do Indicativo

ter

Eu	tenho
Você Ele Ela A gente	tem
Nós	temos
Vocês Eles Elas	têm

O verbo *ter* é irregular e é da 2ª conjugação. A 2ª conjugação tem os verbos com final *ER*.

Lição A

Construção do conteúdo

A. Leia o texto, observe as figuras e responda com orações completas usando o pronome possessivo.

Caio e Priscila dançam muito bem. Eles são jovens. Ele tem 20 anos e ela 21. Eles têm muitos amigos. O Gilbert é americano. Ele tem 23 anos. A Erika é da África do Sul e tem 35.

1. Qual é o nome dele?

 ____

 Qual é a profissão dele?

 ____

 Qual é a nacionalidade dele?

 ____

 Quantos anos ele tem?

 ____

2. Qual é o nome dela?

____

Qual é a profissão dela?

____

Qual é a nacionalidade dela?

____

Quantos anos ela tem?

____

3. Quais são os nomes deles?

____

Qual é a profissão deles?

____

Qual é a nacionalidade deles?

____

Quantos anos eles têm?

____

B. Complete os diálogos com a palavra correta.

1. A: Esta bolsa é da Maria?
B: Não, não é _________(dele/dela).

2. A: Aqueles livros são _________(seus/seu)?
B: Não, são _________(meu/dele).

3. A: É do Paulo esta camisa?
B: Acho que não é _________(dele/dela). É _________(dela/seu).

4. A: Ei! Essas roupas não são _________(meu/delas)!
B: Não são _________(delas/sua)? De quem são, então?
A: São _________(nosso/nossas).

C. Oral: Aluno A – Crie um perfil para as fotos 1 e 2.
Aluno B – Crie um perfil para as fotos 3 e 4.

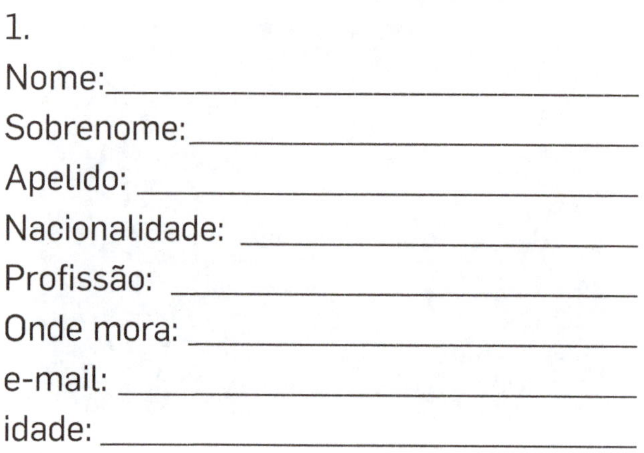

1.
Nome: ____________________
Sobrenome: ____________________
Apelido: ____________________
Nacionalidade: ____________________
Profissão: ____________________
Onde mora: ____________________
e-mail: ____________________
idade: ____________________

2.
Nome: ____________________
Sobrenome: ____________________
Apelido: ____________________
Nacionalidade: ____________________
Profissão: ____________________
Onde mora: ____________________
e-mail: ____________________
idade: ____________________

3.
Nome: ____________________
Sobrenome: ____________________
Apelido: ____________________
Nacionalidade: ____________________
Profissão: ____________________
Onde mora: ____________________
e-mail: ____________________
idade: ____________________

4.
Nome: ____________________
Sobrenome: ____________________
Apelido: ____________________
Nacionalidade: ____________________
Profissão: ____________________
Onde mora: ____________________
e-mail: ____________________
idade: ____________________

Aluno A: Faça perguntas a um colega sobre os perfis 3 e 4. Use os pronomes possessivos DELE/DELA quando possível.

Aluno B: Faça perguntas a um colega sobre os perfis 1 e 2. Use os pronomes possessivos DELE/DELA quando possível.

Lição A

Ampliação do vocabulário

Relacionamentos II

Na família	Fora da família
Pai + mãe .... pais	Amigo + amiga .... amigos
Marido + esposa.......... cônjuges	Colega..........................colegas
Filho + filha .... filhos	Namorado + namorada ....namorados
Irmão + irmã .... irmãos	

A. Substitua as palavras grifadas por apenas uma palavra no plural.

1. O marido e a esposa devem assinar os documentos aqui. ______________________
2. O amigo e a amiga são da Finlândia. ______________________
3. O meu pai e a minha mãe têm 55 anos. ______________________
4. Quem são aquele namorado e aquela namorada? ______________________
5. O colega e a colega estudam de manhã. ______________________
6. O nosso filho e a nossa filha são crianças. ______________________

aixa 19

B. Escute os diálogos. Quem está falando?

pai **filha** **amigo** **irmã** **marido**

1. ________________
2. ________________
3. ________________
4. ________________

Lição B

Panorama

Números III

60 sessenta
70 setenta
80 oitenta
90 noventa
100 cem
101 cento e um / cento e uma
102 cento e dois / cento e duas
103 cento e três
200 duzentos / duzentas
201 duzentos e um / duzentas e uma
202 duzentos e dois / duzentas e duas
203 duzentos e três / duzentas e três
300 trezentos / trezentas
400 quatrocentos / quatrocentas
500 quinhentos / quinhentas
600 seiscentos / seiscentas
700 setecentos / setecentas
800 oitocentos / oitocentas
900 novecentos / novecentas
1000 mil
1001 mil e um / mil e uma
1002 mil e dois / mil e duas
1003 mil e três

Documentos

Fale sobre Jorge:
Jorge Lima é ... ________________
O seu RG é ... ________________

Fale sobre Ellen:
Ellen é ... ________________
O seu número do passaporte é ... ________

Fale sobre você: Eu sou ... ____________ O meu (documento) é ... ____________

Lição B
Diálogo

ixa 21

Ellen: Bom dia. Por favor, eu posso fazer o cadastro agora?
Pedro: Claro. Seu nome, por favor?
Ellen: Ellen Barton.
Pedro: Ellen com um ou dois "ls"?
Ellen: Com dois.
Pedro: Como se escreve o seu sobrenome?
Ellen: B-A-R-T-O-N.
Pedro: Idade?
Ellen: 29.
Pedro: Profissão?
Ellen: Engenheira.
Pedro: A senhora tem algum documento aqui?
Ellen: Passaporte.
Pedro: Qual o número?
Ellen: 1658 947 509
Pedro: A senhora tem RG ou CPF?
Ellen: Tenho CRNM. O número é VV90509-Q
Pedro: A senhora não é brasileira?
Ellen: Não, sou canadense.

Lição B
Gramática

Verbo *poder*

Presente do Indicativo
poder

Eu	posso
Você Ele Ela A gente	pode
Nós	podemos
Vocês Eles Elas	podem

Por favor, eu **posso** fazer o cadastro agora?
O verbo *poder* é irregular e é da 2ª conjugação.
A 2ª conjugação tem os verbos com final *-er*

Lição B

Construção do conteúdo

A. Complete com o verbo *poder* na forma correta.

1. Você não __________morar aqui.
2. A Cláudia__________ser professora.
3. O meu irmão e eu__________trabalhar mais.
4. Os estudantes__________estudar de manhã?
5. Eu não__________ligar para ela hoje.

B. Complete os diálogos com o verbo *poder*.

1. **Celina:** Mauro, você__________me ligar mais tarde?
Mauro:__________. Qual é seu telefone?
Celina: É 888-3498.

2. **Valmir:** Michela, minha esposa e eu não__________ trabalhar hoje. Tudo bem?
Michela: Tudo. Mas, nós não__________pagar vocês hoje.
Valmir: Sem problema.

3. **Vinícius:** Os alunos__________fazer o exercício depois?
Fábio:__________. Mas o Luizinho não__________.

C. Preencha com os números por extenso. (Cada item tem uma imagem correspondente que está descrita em parênteses.)

1. O preço do forno é ____________________
____
______________________________ reais.

2. A independência do Brasil foi em _____
____
____________________________________.

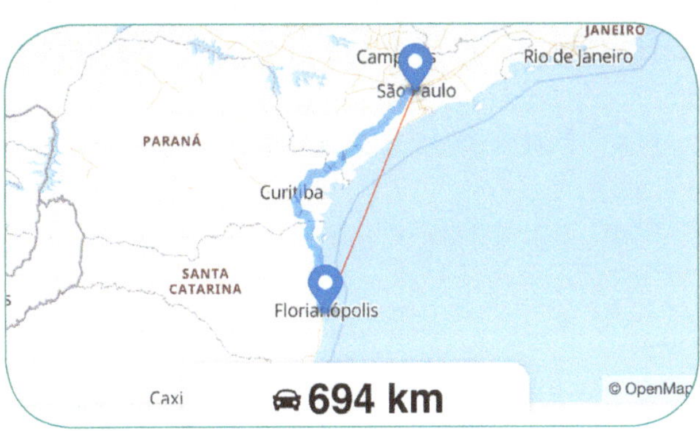

3. O quebra-cabeça tem ____ peças.

4. A distância entre São Paulo e Florianópolis é de ____quilômetros.

D. Oral: Pergunte aos colegas o número de seus documentos.

Lição B

Ampliação do vocabulário

Faixa 22

A. Escute os diálogos e complete as carteirinhas abaixo.

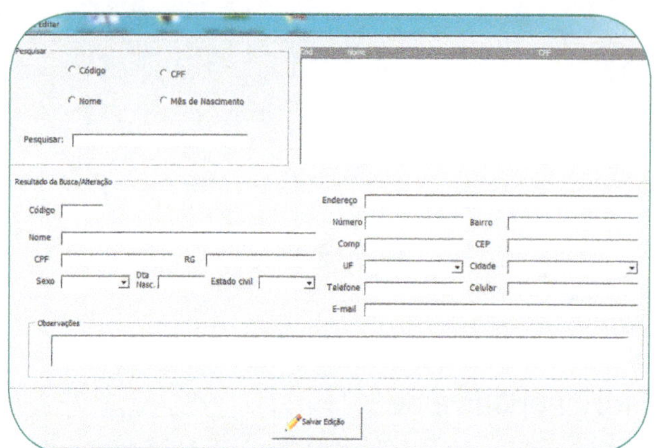

1. Cadastro do paciente

Nome: Hermógenes Corali

Número do seguro: ____________

Data de nascimento:____ /____ / ____

Telefone: 11 - ________________

E-mail:________________

Profissão: ______________

Endereço: Avenida José Maria,______,
apto.______ – São Paulo – SP

2. Documento Nacional do Estudante

Nome do aluno: Cristina dos Santos

Data de nascimento:____ /____ / _____

RG:_________

CPF:_______________

Matrícula: ___________________

Universidade: Universidade UniMP

Curso: Letras – Graduação

Código: 35G-MA4F1

B. Escolha um documento seu. Transcreva os dados aqui.

____

____

____

____

Lição C

Panorama

Fuso horário

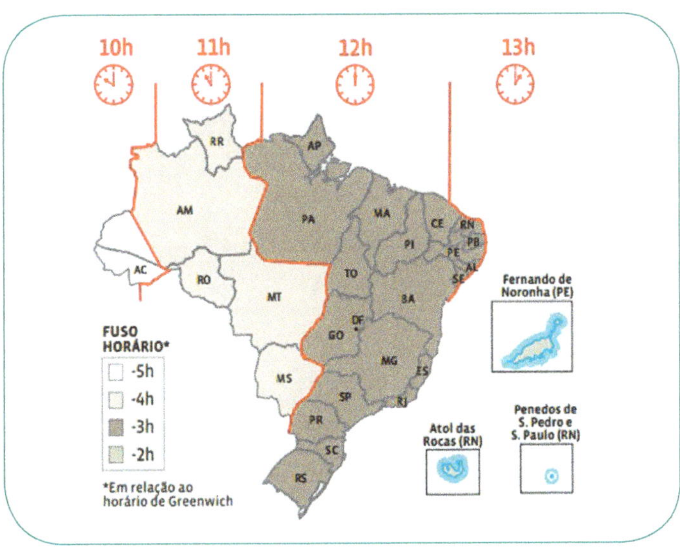

Cite três cidades brasileiras que têm o mesmo fuso horário.
Cite três cidades brasileiras que têm o fuso horário diferente do fuso horário de Brasília.
Cite o estado brasileiro que está duas horas atrasado em relação à Brasília.

Lição C

Diálogo

aixa 23

Sandra: Alô?
Jorge: Alô, Sandra. É o Jorge. Tudo bem?
Sandra: Uh. Tudo.
Jorge: Estou em São Paulo, no aeroporto. Você quer alguma coisa daqui?
Sandra: Jorge, que horas são aí?
Jorge: Oito horas. Estou adiantado. Eu só embarco às 10h00.
Sandra: Aqui em Rio Branco são 6 horas, Jorge. Seis da manhã!
Jorge: Seis da manhã? Nossa! Desculpe, Sandra.
Sandra: Tudo bem, você pode comprar uma caixa de chocolates, então.

Lição C

Gramática

Verbo *querer* e Preposição *de*

Presente do Indicativo

querer

Eu	quero
Você Ele Ela A gente	quer
Nós	queremos
Vocês Eles Elas	querem

O verbo *querer* é irregular e é da 2ª conjugação.
A 2ª conjugação tem os verbos com final *-er*.

Preposição *de* + Advérbios de Lugar

De + aqui = daqui
De + aí = daí
De + lá = de lá

Verbo *querer* + substantivo

Eu quero uma caixa de chocolates.

Verbo *querer* + pronome indefinido + substantivo + preposição *de* + advérbio de lugar

Você quer alguma coisa daqui?

Lição C

Construção do conteúdo

A. Complete os diálogos com *daqui*, *daí* e *de lá*.

1. Juca: Alô?
Leila: Juca? É a Leila.
Juca: Oi, Leila. Que barulho! Onde você está?
Leila: Em Recife. Você quer um presente ________?
Juca: Um presente ________? Claro, obrigado.

2. Heloísa: Fábio, meu namorado está na Europa. Você quer alguma coisa ________?
Fábio: ________? Quero uma camiseta.
Heloísa: Tudo bem.
Fábio: Muito obrigado, Helô.

B. Complete os diálogos com o verbo *querer*.

1. A: Oi, eu ___________aquele computador.
B: Um minuto, por favor.

2. A: O que vocês ___________?
B : ___________uma caixa de chocolates.

3. A: Seu amigo ___________um café?
B: Não. Ele ___________uma água.

4. A: A Paula ___________um laptop novo?
B: Não, ela não ___________. Eu ___________um.

C. Oral: Utilize objetos pessoais e o verbo *querer* para oferecer, perguntar, aceitar e dizer o que os colegas e você querem.

Exemplo:

A: Você quer esta caneta?
B: *Quero, obrigado.*
A: Paulo quer a caneta.

A: O que vocês querem?
B: *Queremos o livro.*
A: Eles querem o livro.

Lição C

Ampliação do vocabulário

Horas I

8h00
(são) oito horas
8h05
(são) oito e cinco
8h10
(são) oito e dez
8h15
(são) oito e quinze
8h20
(são) oito e vinte
8h25
(são) oito e vinte e cinco
8h30
(são) oito e meia
ou (são) oito e trinta
8h35
(são) oito e trinta e cinco
ou (são) vinte e cinco para as nove
8h40
(são) oito e quarenta
ou (são) vinte para as nove
8h45
(são) oito e quarenta e cinco
ou (são) quinze para as nove
8h50
(são) oito e cinquenta
ou (são) dez para as nove
8h55
(são) oito e cinquenta e cinco
ou (são) cinco para as nove

Na conversação
É mais comum usar "meia" do que "trinta".

Note que:
Podemos falar
são quinze para as nove
ou faltam quinze para as nove.

A. Escreva as horas abaixo.

a. 8:15 b. 1:00 c. 6:55 d. 5:20 e. 10:05

f. 12:30 g. 6:25 h. 14:45 i. 21:35 j. 23:55

a. ___
b. ___
c. ___
d. ___
e. ___
f. ___
g. ___
h. ___
i. ___
j. ___

aixa 24

B. Escute as horas do exercício A e repita.

C. Que horas são? Pratique com um colega.

Lições A, B e C

Compreensão auditiva

Faixa 25

A. Escute os três diálogos e responda às perguntas.

1. a. Qual a nacionalidade do marido da Geni?

___

b. Qual a idade dele?

___

c. Qual a língua materna dele?

___

2. a. Que horas são?

___

b. Onde está a filha da Martinha?

___

c. Qual a idade dela?

___

3.a. Qual é o sobrenome da Viviane?

___

b. Qual o RG dela?

___

c. Qual o telefone dela?

___

Lições A, B e C

Aplicação oral do conteúdo

A. Entreviste um colega sobre a família e amigos dele. Lembre-se de usar o verbo *ter* e os pronomes possessivos *dele/dela*. Preencha a tabela.

Nome:		
Idade:		
Profissão:		
Local de residência:		
Filhos?	( ) sim	( ) não
Pais?	( ) sim	( ) não
Melhor amigo(a)?	( ) sim	( ) não

B. Faça o mesmo questionário sobre outros parentes e conhecidos. Por exemplo: namorado(a), colega, irmã(o).

Leitura

Rotina

A. Você sabe o que é rotina? Leia a definição de *rotina* do dicionário Michaelis e discuta com os colegas.

rotina
ro·ti·na
sf
1 Caminho habitualmente seguido ou trilhado; caminho já conhecido; rotineira.
2 Hábito de fazer as coisas sempre da mesma maneira, maquinal ou inconscientemente, pela prática ou imitação; rotineira.
3 Hábito inveterado que resiste a qualquer mudança; rotineira.
4 Rejeição ao progresso ou ao que é novo; conservadorismo.

Fonte: Michaelis Dicionário Brasileiro da Língua Portuguesa, 2018, Ed. Melhoramentos.

A. 1. Escolha os itens sinônimos de *rotina* de acordo com as definições do dicionário acima:

a. hábito
b. costume
c. cotidiano
d. exceção
e. novidade
f. conservador
g. tradicional
h. moderno

2. Responda:

a. Você tem rotina em casa?

___
___
___
___

b. Qual é a sua rotina no trabalho?

___
___
___
___

B. Leia sobre a rotina de Paulo e Susan.

Todos os dias, Paulo acorda às 9 horas. Toma banho às 9h15.
Não toma o café da manhã e vai para o trabalho às 9h30.
Ele chega em casa às 18h00.
Assiste a uma série na Netflix para relaxar e depois janta às 21h00.

Susan trabalha à noite, então ela acorda às 19h00.
Toma banho, janta e vai para o trabalho às 22h00.
Ela chega em casa às 9h00.
Ela não trabalha nos fins de semana.

Responda às perguntas de acordo com o texto:

1. O que Paulo faz para relaxar?

____

2. A que horas Paulo sai de casa?

____

3. A que horas Susan chega em casa?

____

4. Quem trabalha à noite?

____

Redação

Escreva sobre a sua rotina.

____
____
____
____
____
____
____
____
____
____
____
____
____
____
____
____
____
____

Consolidação lexical

Horário de Atividades

A. Quando você geralmente faz as atividades abaixo? Escreva as horas destas atividades. Depois, acrescente duas atividades e coloque o horário delas nos espaços em branco.

Acordar ____________________

Tomar café ____________________

Ir trabalhar ____________________

Enviar e-mails ____________________

Almoçar ____________________

Chegar em casa ____________________

Jantar ____________________

Tomar banho ____________________

Atividade: ____________________
Horário: ____________________

Atividade: ____________________
Horário: ____________________

Pronúncia do Português

Parte 1

Na grafia do português existem 5 vogais: a – e – i – o – u . No entanto, existem 12 sons possíveis para essas 5 letras. Os sons de vogal podem ser orais ou nasais.

Vogais Orais

ixa 26

A. As vogais orais podem ser abertas ou fechadas. Escute como as vogais são pronunciadas:

lá* ele você daqui júnior

aixa 27

B. As vogais *e* e *o* podem também ser pronunciadas de uma forma mais aberta. Escute:

ela p**o**sso

aixa 28

C. Ouça agora a diferença entre as vogais *e* e *o* abertas e fechadas. Repita em voz alta.

ele – **e**la **e**sse – **e**ssa avô – avó p**o**demos – p**o**sso

*os sinais gráficos ´ ^ ~ indicam que aquela vogal recebe a tônica da palavra. No caso das vogais *e* e *o*, o sinal gráfico ´ indica também que a vogal é aberta.

aixa 29

D. Exercício: Escute as palavras a seguir e marque A (aberto) ou F (fechado).

a. m**o**ro ( )
b. m**o**ramos ( )
c. aerop**o**rto ( )
d. aerop**o**rtos ( )
e. até ( )
f. aqu**e**la ( )
g. qu**e**ro ( )
h. qu**e**remos ( )

Faixa 30

E. Escute o seguinte diálogo prestando atenção às palavras sublinhadas. Pratique o diálogo com um colega.

Renata: Oi, José. Aquela é sua irmã?
José: É, sim. Ela não mora aqui. Mora na Espanha.
Renata: Nossa. Que legal. Ela já fala bem o espanhol?
José: Fala.
Renata: José, eu quero beber uma soda limonada. E você?
José: Só água está bom. Obrigado.
Renata: Vamos nos sentar. A gente conversa mais.

Exercício: Improvise um diálogo curto com um colega usando as seguintes palavras.

é senhora dela dez avó mora essa

Revisão das Unidades 1 a 3

A. Escolha a alternativa correta:

1.
A: Simone, _______ é a minha amiga Débora. Ela é de Salvador.
B: Oi, Débora. Muito prazer
C: Igualmente.

a. aquela b. esta c. esse

2.
A: Quem é _______ali?
B: Lá longe? É a Cristina, minha colega de classe.

a. aquela b. essa c. esta

3.
A: O que é _______na sua mão?
B: Ah, é um dicionário de Português.

a. isso b. aquilo c. esse

4.
A: De quem é esse livro?
B: É _______ .

a. essa b. dela c. esta

5.
A: June, eu estou na Bahia. Você quer alguma coisa _______?
B: Quero uma fitinha do Senhor do Bonfim!

a. daqui b. de cá c. de lá

B. Complete os diálogos com os verbos adequados. Conjugue os verbos, caso seja necessário.

mandar ter ser comprar ligar
querer (2x) poder (2x) morar precisar

1.
A: Ana Júlia, eu _______ te ligar mais tarde?
B: Claro! Você _______ meu telefone?
A: Tenho sim, obrigado.

2.
A: Mãe!!
B: O que você _______, menina!
A: Quero _______ para o Gabriel. Estou com saudade!

3.
A: Você _______ mensagens toda hora?
B: Não! Mando o tempo todo. rsrsrsrs

4.
A: A Luiza _______ secretária, certo?
B: É sim.

5.
A: Então você ___________ no Mercado Livre?
B: Compro! Você não?

6.
A: Você _______ sair agora?
B: Não. Posso ficar mais um pouco.

7.
A: Você ___________ falar com ela?
B: Não quero não, mas eu _______, claro.

8.
A: Onde ele_______?
B: No Rio de Janeiro.

C. Coloque na ordem certa.

1. ligar /chefe / minha / eu / para /preciso/ a

____

2. minha / é / Gabi, / amiga / a /esta

____

D. Crie perguntas para as respostas.

1. ____?
Z – I – M – O – V – S – K - Y.

2. ____?
Tudo. E você?

3. ____?
O meu e-mail é hilp@brasil.br

4. ____?
Ele tem 14 e ela tem 15 anos.

5. ____?
Eu sou da África do Sul.

6. ____?
São 5:40 da tarde.

7. ____?
Não. Eles são dentistas.

8. ____?
Vou. Tchau, até amanhã!

E. Passe os seguintes parágrafos para:

1. o feminino:

Eu moro em Curitiba. Tenho 32 anos e dois filhos. Sou brasileiro e diretor de uma escola. Eu trabalho até as 18 horas. Meus filhos e eu temos planos. Queremos viajar com um amigo para Fortaleza. Ele é canadense. Acho que vamos viajar em agosto.

____

____

____

____

2. o masculino:

A Paula é minha amiga. Ela é brasileira. Ela mora no interior. É casada e tem duas filhas. Ela é professora de francês. Ela acorda cedo todos os dias. Suas filhas também são professoras.

____

____

____

____

F. Passe para:

1. o singular:

Aqueles livros são de chinês? Eu quero dois livros de japonês.

____

Estes cadernos são meus. Essas canetas são nossas. E aqueles dicionários são seus.

____

2. o plural:

1.

A: O que você quer comprar? ____________________

B: Quero comprar uma casa.____________________

2.

A: Quem é aquele homem?____________________

B: Ele é meu irmão.____________________

Unidade 4

Táxi!

Lição A

Panorama

Dinheiro I

No Brasil, o dinheiro usado é o real.
As moedas e as notas em circulação são as seguintes:

Moedas		**Notas**	
5 centavos	50 centavos	2 reais	50 reais
10 centavos	1 real	5 reais	100 reais
25 centavos		10 reais	200 reais
		20 reais	

Lição A

Diálogo

Bastos: Táxi!
Taxista: Boa tarde, senhor. Para onde?
Bastos: Para o hotel Ibis.
Taxista: Qual Ibis?
Bastos: O da Paulista.

(no caminho)

Taxista: O trânsito hoje não está bom.

Bastos: O trânsito não está bom e o tempo também, né? Será que vai chover?

Taxista: Talvez.

(na porta do Ibis)

Bastos: Quanto é?

Taxista: R$ 68,00.

Bastos: Só tenho R$ 70,00, mas pode ficar com o troco. Obrigado.

Taxista: Muito obrigado, senhor.

Lição A

Gramática

Futuro* e Futuro com o verbo *ir*

Será que **vai chover****?

Será → futuro* do verbo *ser*

Vai chover → *ir* no presente do indicativo + verbo no infinitivo (chover) = futuro

Neste caso, o verbo *ser* não tem sujeito.

Ele é usado para exprimir dúvida no futuro: *será que* + complemento.

Exemplos:

Será que ela é secretária?

Será que ele precisa sair?

Será que eles estão aí?

Futuro do Indicativo

Futuro

ser	
Eu	serei
Você Ele Ela A gente	será
Nós	seremos
Vocês Eles Elas	serão

ir	
Eu	irei
Você Ele Ela A gente	irá
Nós	iremos
Vocês Eles Elas	irão

Futuro com o verbo ir

(*ir* no presente + verbo no infinitivo)

Eu	vou sair
Você Ele Ela A gente	vai sair
Nós	vamos sair
Vocês Eles Elas	vão sair

* O futuro tem poucos verbos irregulares, ou seja, apenas os verbos terminados em *-zer*, como, *dizer*, *fazer* e *trazer*. Ele é formado com o verbo no infinitivo (ser/ ir) + *-ei; -á; -emos; -ão*. No caso dos irregulares, tiramos o *-zer* do verbo e acrescentamos *-rei; -rá; -remos; -rão*. Por exemplo, *dizer →direi, dirá, diremos, dirão*. O futuro não é muito usado na linguagem oral. Normalmente, usamos o verbo 'ir' + verbo para indicar o futuro.

** Verbos que exprimem fenômenos da natureza, como *chover*, não têm sujeito, por isso, só apresentam uma flexão, ou seja, chove (presente); choverá (futuro) e vai chover (futuro com verbo ir).

Lição A
Construção do conteúdo

A. Passe as frases abaixo do presente para o futuro.

1. Minhas amigas estão em Belém.

____

2. Tenho uma casa confortável.

____

3. Meus filhos vão para a escola todos os dias.

____

4. Aqueles advogados são nossos colegas.

____

5. Nós precisamos ligar para o escritório.

____

B. Complete o diálogo com os verbos indicados no futuro ou com o futuro com o verbo *ir*.

Motorista: Boa noite, senhora.
Passageira: Boa noite. Por favor, quero ir para este endereço, Rua da Mantiqueira, n° 539.
Motorista: A senhora ___________(assistir) a um show?
Passageira: Não, mas preciso ir lá. Hoje uma cantora famosa _____(fazer) um show lá, mas eu não _________(ver).
Motorista: Que pena! Minha filha ___________(estar) lá. Ela é muito fã dessa cantora.
Passageira: É. Dizem que o show ________(ser) maravilhoso.
Motorista: Será sim. A cantora é ótima e tem milhões de fãs. Qual é o nome dela? Não conheço muito de música.
Passageira: O nome dela é Bárbara Luz. Ela ________(cantar) suas músicas novas.
Motorista: Nós chegamos, senhora. É aqui. São R$ 65 reais.
Passageira: Aqui está. Obrigada, senhor. Qual é seu nome?
Motorista: Luiz. E o seu?
Passageira: Bárbara. Boa noite.
Motorista: Bárbara? Será que ela é a cantora?

C. Oral: Escolha um colega para fazer o exercício com você. Primeiro, responda *sim* ou *não* sobre seu colega sem fazer perguntas. Tente adivinhar o que ele vai fazer. Depois, pergunte para confirmar se suas respostas estão corretas.

Nome do (a) colega ______________________ Acertos

			Acertos
1.... vai pagar uma conta amanhã.	( ) Sim	( ) Não	________
2.... estará aqui depois de amanhã.	( ) Sim	( ) Não	________
3.... irá para casa depois desta aula.	( ) Sim	( ) Não	________
4.... vai estudar português hoje à noite.	( ) Sim	( ) Não	________
5.... enviará um e-mail hoje à noite.	( ) Sim	( ) Não	________
6.... será promovido este ano.	( ) Sim	( ) Não	________

Lição A

Ampliação do vocabulário

Dinheiro II

lugar
banco
banco 24 horas = caixa eletrônico
casa de câmbio

verbo + substantivo
ter / trocar / receber
retirar / tirar / sacar } dinheiro
depositar / transferir

pagar { em dinheiro / com cartão de crédito / débito / pix / com aproximação (celular)

fazer { uma transferência / um depósito / um pix

substantivo
dinheiro
moeda corrente
(dinheiro usado em um país)
token
cartão
aplicativo do banco
pix
moeda
nota
centavos
troco
trocado

A. Complete os diálogos / situações abaixo com a expressão mais adequada.

centavos reais (2x) dinheiro troco bom dia pagar Hotel Marina
100,00 vender trocado de nada nota Leblon

1.
Motorista: Oi. Bom dia.
Sávio: ________________.
Motorista: Pro Leblon, né?
Sávio: Isso. ______________________.
Motorista: Perfeito.
(no Leblon...)
Motorista: Chegamos. Você vai ____________ em ______________?
Sávio: Vou.
Motorista: Deu R$ 65.
Sávio: Tenho uma nota de R$ 100.
Motorista: Você não tem ____________?
Sávio: Espera aí. Tenho R$ 70.
Motorista: Ótimo. Obrigada.
Sávio: ____________________.

2. *(no banco)*
Caixa: Boa tarde! Posso ajudar?
Rita: Boa tarde. Quero pagar estas contas, por favor.
Caixa: Certo. O total é R$ 89,90.
Rita: Aceita cheque?
Caixa: Desculpe, senhora. Dinheiro ou cartão de débito deste banco.
Rita: Certo. Só tenho uma ______de R$ _______.
Caixa: Obrigada, aqui está seu ________: 10 _________ e 10 _________.
Rita: Obrigada.

3. *(na casa de câmbio)*
Klaus: Bom dia, quanto está a cotação do euro?
Atendente: Para compra R$ 6,14 e venda R$ 6,15.
Klaus: Por favor, quero _______ € 1.000.
Atendente: São 6.150,00 em ____________. Bem-vindo ao Brasil!
Klaus: Obrigado.

B. Escreva frases de acordo com as imagens a seguir.

Ex.
Eu tenho dinheiro.

1. ______________________________
2. ______________________________

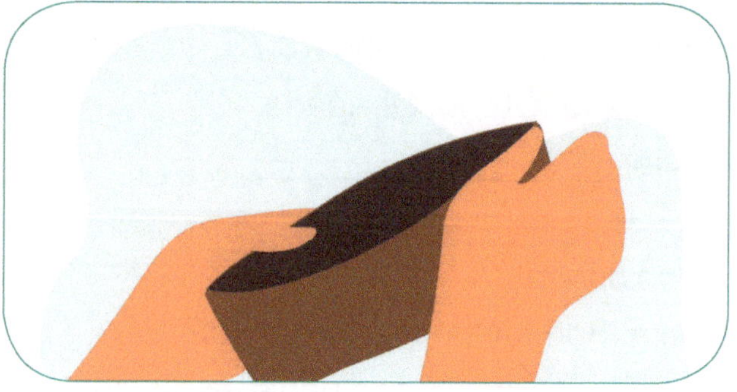

3. ______________________________
4. ______________________________

Lição B

Panorama

Tipos de restaurante

No Brasil, um tipo de restaurante muito comum é o restaurante por quilo. Também existem os restaurantes à la carte e o bufê.

Em que tipo de restaurante você normalmente almoça?
Em que tipo de restaurante você normalmente janta?

Lição B

Diálogo

Faixa 32

No restaurante

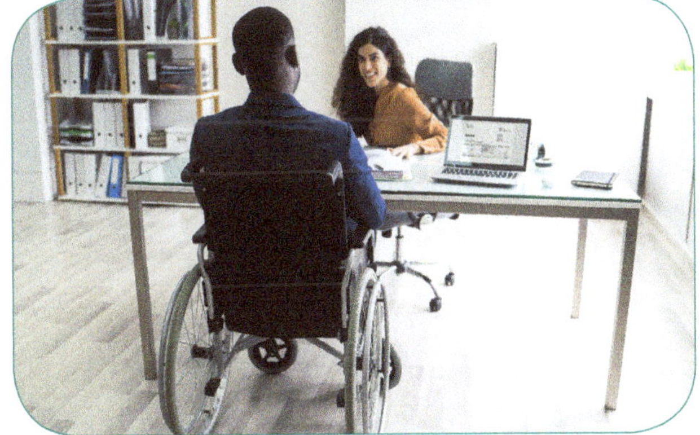

José: Maria, vamos almoçar no 'Tio Rocco'?
Maria: Tio o quê?
José: Tio Rocco. É um restaurante italiano aqui perto.
Maria: Estou de regime.
José: Qual o problema?
Maria: Não posso comer massa.
José: Mas eles têm dois tipos de serviço: comida italiana à la carte e bufê de comida brasileira.
Maria: É muito caro?
José: Nem caro nem barato. Eles aceitam vale-refeição.
Maria: Está bem. Então, vamos.

(no restaurante)
Garçom: Boa tarde. Mesa para quantas pessoas?
José: Boa tarde. Duas pessoas.
Garçom: À la carte ou bufê?
José: Para mim à la carte, para ela, bufê.
Garçom: Vai demorar uns 5 minutos.
José: Tudo bem. Eu quero um aperitivo. Maria, você quer um suco, um coquetel?
Maria: Não, obrigada. Estou de regime. Só bebo água.
José: Que horror!
Garçom: A mesa já está livre, senhor.
José: Obrigado.

Lição B

Gramática

Mas e Nem ... nem ...

Mas eles têm dois tipos de serviço:
comida italiana à la carte e bufê de comida brasileira.

Mas indica uma ideia contrária à ideia anterior.
Exemplo:
A: Eu estou de regime. Não posso comer massa.
B: *Mas* o restaurante tem outras opções.
Eu estudo chinês há três anos, *mas* não falo chinês ainda.

Nem caro *nem* barato.
nem ... nem ... é usado com palavras de sentido contrário
ou para excluir as duas ideias.

Exemplo:
Eles não são *nem* médicos *nem* enfermeiros. (= são dentistas)
O Paulo não é *nem* feio *nem* bonito. (= é comum)
Este livro não é *nem* bom *nem* ruim. (= é razoável)

Lição B

Construção do conteúdo

A. Ache a parte que melhor completa as orações a seguir.

1. Preciso depositar um dinheiro no banco,
2. Cátia quer comer comida mexicana,
3. Minha assistente não é daqui,
4. Tenho que ligar para um amigo,
5. Minha esposa e eu moramos aqui,
6. Os motoristas dirigem mal,
7. Eles sabem que não podem fumar no prédio,

( ) mas meu celular não está bom.
( ) mas preferimos um lugar mais calmo.
( ) mas continuam fazendo isso.
( ) mas usam o cinto de segurança.
( ) mas o restaurante não vai abrir hoje.
( ) mas as pessoas não notam seu sotaque.
( ) mas não posso sair do escritório antes das 16 horas.

B. Leia as frases seguintes. Elas estão coerentes? Corrija as que apresentam problemas.

1. "Quero jantar, mas estou com fome."
coerente ( ) incoerente ( )
correção:____

2. "Ilma não é nem alta, nem baixa, ou seja, é magra."
coerente ( ) incoerente ( )
correção:____

3. "Precisamos de uma nota de R$ 5, mas só temos de R$ 10."
coerente ( ) incoerente ( )
correção:____

4. "Qual é a sua profissão mesmo? Você não é nem professor, nem advogado."
coerente ( ) incoerente ( )
correção:____

5. "Elas não querem pagar em dinheiro, mas não vão pagar."
coerente ( ) incoerente ( )
correção:____

C. Oral: Entreviste um colega sobre suas preferências. Use o verbo *gostar de* (1ª conjugação) para fazer as perguntas. Para responder, use *nem... nem* e *mas*, quando possível.

Exemplo:
A: Você gosta de música erudita ou heavy metal?
B: Não gosto nem de música erudita, nem de heavy metal. Gosto de jazz.
Ou *B: Gosto de música erudita, mas não de música erudita barroca.*

Música erudita (clássica)	( )	Heavy Metal	( )	Outros: ____________
Comida sem tempero	( )	Comida apimentada	( )	Outros: ____________
Viajar de ônibus	( )	Viajar de carro	( )	Outros: ____________
Ler romances	( )	Ler poesia	( )	Outros: ____________
Andar de bicicleta	( )	Andar a cavalo	( )	Outros: ____________

Lição B

Ampliação do vocabulário

Menu (= cardápio) I

Alguns tipos de comida

sopa { de feijão / de cebola

canja

salada

arroz e feijão

feijão preto

carne assada

frango { assado / grelhado / à passarinho

peixe { assado / frito

batata { frita / assada / palha / rústica

purê de batata

linguiça

Alguns tipos de bebida

refrigerantes { coca / guaraná / soda

suco { de laranja / de maracujá / de uva

limonada

água { mineral / natural / com gás

cerveja { clara / escura

vinho { seco / suave / branco / tinto / rosé

licor

coquetel

aperitivo

A. Escute os diálogos e complete o quadro. O que Marta, Luís e Filomena pediram?

Entrada

Salada

Canja Brasileira

(Frango, cenoura, arroz e salsinha)

Sugestões da Casa

Prato Executivo / Prato Feito - PF

(Arroz, feijão, salada, bife, peixe ou frango)

Filé com Fritas

(Arroz, fritas e farofa)

Feijoada

Feijoada Light

Bebidas

Cerveja

Refrigerante

Sucos: (com água ou com leite)

Acerola, Laranja, Manga, Abacaxi, Limonada, Maracujá

	entrada	prato principal	bebida
Marta			
Luís			
Filomena			

B. Imagine que você está neste restaurante. O que você gostaria de comer e beber?

Lição C

Panorama

Na praça de alimentação

Os shoppings sempre têm uma área para alimentação chamada praça de alimentação. Lá há muitos tipos de restaurantes, como, lanchonetes; restaurantes por quilo; sorveterias; churrascarias e restaurantes com comida de uma nacionalidade específica, como, árabe, japonesa, chinesa e mexicana.

Que tipo de comida você mais gosta?
O que você come quando vai para o shopping?
Você gosta de comer na praça de alimentação dos shoppings?

Lição C

Faixa 34

Diálogo

Odete: Estou com fome. Vamos comer?
Haroldo: Eu também estou. Vamos comer comida chinesa?
Odete: Eu estou com vontade de comer comida árabe.
Haroldo: Vamos procurar uma mesa primeiro.
Odete: Olha! Tem uma mesa livre ali.
Haroldo: Vamos.
Odete: Enquanto você compra a sua comida, eu fico aqui.
(depois de um tempo)
Odete: Que demora!
Haroldo: Olha o tamanho da fila!
Odete: Tudo bem. Agora eu vou comprar a minha comida.

Lição C

Gramática

Estar com + substantivo, ***Estar com vontade de*** + verbo e ***Enquanto*** ...

Eu estou com fome.

Outros exemplos:
Ela está com sede.
A gente está com frio.
Nós estamos com sono.
Elas estão com calor.

Eu estou com vontade de comer comida árabe.

Outros exemplos:
Ela está com vontade de sair.
A gente está com vontade de viajar.
Nós estamos com vontade de dormir.
Elas estão com vontade de beber cerveja.

Enquanto você **compra** a sua comida, eu **fico** aqui.
↓ presente simples ↓ presente simples

(=duas ações ocorrem ao mesmo tempo,
o tempo verbal pode ser presente, passado ou futuro)

Outros exemplos:
Enquanto ela *trabalha*, ele *estuda*.
Enquanto eu *vou descansar*, você *vai fazer* o jantar.

Lição C

Construção do conteúdo

A. Observe as figuras e assinale V (verdadeiro) ou F (falso). Se a frase for falsa, corrija-a.

1. Clarinha está com fome. V ( ) F ( )

____

2. Jônatas está com frio. 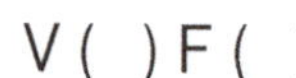 V ( ) F ( )

____

3. Leda e Miriam estão com fome. V ( ) F ( )

____

4. Dona Júlia está com sede. V ( ) F ( )

____

B. Complete o diálogo com a forma correta dos verbos.

Hilda: Gustavo, estou com vontade de _____(comer) batata frita. Vamos?
Gustavo: Agora? Ok. Pode ser. Estou com fome mesmo. Onde você ______(querer) comprar a batata?
Hilda: No shopping aqui perto. Tem muitas lanchonetes lá.
Gustavo: Mas, eu não estou com vontade de _________(comer) batata. __________ (querer) comer massa.
Hilda: Tudo bem. Enquanto eu ________(comprar) a batata, você _________(pegar) a massa. A gente senta pra comer na praça de alimentação.

Gustavo: Você ________(ter) bastante tempo? Depois do almoço eu sempre __________(tomar) um café.

Hilda: Eu sempre esqueço que você _________(precisar) tomar café depois do almoço. Nós ______(ir) a pé pro shopping, mas acho que temos tempo.

C. Oral: Entreviste um colega e descubra quais são suas vontades agora.

Exemplo: *Você está com vontade de passear agora?*

Vontade de dormir ou estar com sono?	( ) sim	( ) não	
Vontade de comer algo?	( ) sim	( ) não	O quê? ______________
Vontade de beber algo?	( ) sim	( ) não	O quê? ______________
Vontade de ir para algum lugar?	( ) sim	( ) não	Para onde? __________
Vontade de fazer algo?	( ) sim	( ) não	O quê? ______________

Lição C

Ampliação do vocabulário

Menu (= cardápio) II

Alguns tipos de sobremesa

(o) Sorvete
- de chocolate
- de limão

(o) Bolo
- de cenoura com cobertura
- de aniversário
- recheado

(a) Musse
- de chocolate
- de maracujá

(o) Pudim de leite

(a) Torta de limão

(o) Brigadeiro

Alguns tipos de bebida quente

(o) Café
- com leite
- expresso
- coado

(o) Capuccino

(o) Chocolate quente

(o) Chá
- verde
- preto
- de camomila
- mate

Quais as bebidas mais comuns em seu país?

Faixa 35

A. Escute os diálogos e complete o quadro.

	local	sobremesa	bebida
1. Manuel e Maria			
2. Lígia e Victoria			

B. Qual a sua sobremesa favorita? E a bebida quente? Aonde normalmente você vai?

____

Lições A, B e C

Compreensão auditiva

Faixa 36

Escute os diálogos e escolha as alternativas corretas.

1. Cássio está com vontade de
( ) correr
( ) ver um filme
( ) estudar

O amigo de Cássio não quer
( ) nem correr, nem ver filme
( ) nem ver filme, nem estudar
( ) nem correr, nem estudar

Cássio e o seu amigo vão
( ) correr
( ) ver um filme
( ) estudar

2. Mariana está com vontade de
( ) passear
( ) comer
( ) dormir

A irmã de Mariana não quer
( ) nem comer, nem dormir
( ) nem passear, nem comer
( ) nem passear, nem dormir

Mariana e a sua irmã vão
( ) comer
( ) passear
( ) dormir

3. Marcel está com vontade de
( ) dirigir
( ) pegar o ônibus
( ) andar a pé

A esposa de Marcel não quer
( ) nem andar a pé, nem dirigir
( ) nem pegar o ônibus, nem dirigir
( ) nem andar a pé, nem pegar o ônibus

Marcel e sua esposa vão
( ) dirigir
( ) pegar o ônibus
( ) andar a pé

Lições A, B e C

Aplicação oral do conteúdo

Use as figuras abaixo para narrar o que as pessoas vão fazer. Crie um perfil para cada pessoa com nome, idade, profissão e nacionalidade. Conte sua versão a um colega.

Situação 1

Qual a vontade dele?

O que ele vai fazer?

O que ela não quer?

Situação 2

O que eles vão fazer?

Qual a vontade dele?

Eles estão com fome?

Situação 3

Fale agora sobre você.

O que você está com vontade de fazer?
O que vai fazer mais tarde hoje ou amanhã? Quanto vai custar?

Ou

Você está com vontade de fazer algo, mas não vai? Por quê? O que quer fazer?

Leitura

A. Você gosta de cafeterias?

____

____

____

B. Leia as informações e responda às perguntas.

https://www.facebook.com/quiteriasdeliciasdavovo

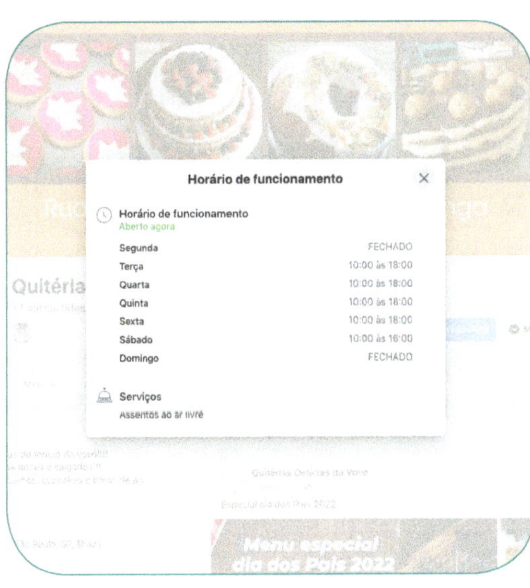

1. Qual o endereço da Quitérias Delícias da Vovó?

____

2. Qual o horário de funcionamento?

____

3. O que você pode comer na Quitérias?

____

Redação

Quais são as suas comidas e bebidas favoritas do seu país e do Brasil?
O que você come durante a semana? E no fim de semana?

____

____

____

____

Consolidação lexical

Comidas e bebidas

Complete os quadros abaixo com o maior número de itens que você lembrar.

comidas	bebidas	restaurantes

De quais comidas / bebidas...

você gosta?	você não gosta?	você come / bebe frequentemente?	você não come / não bebe frequentemente?

Unidade 5

Que semana, hein?

Lição A

Panorama

Horários

Horários em aeroportos, terminais de trem e ônibus:

01: 00	UMA HORA	13: 00	TREZE HORA
02: 00	DUAS HORAS	14: 00	QUATORZE HORAS
03: 00	TRÊS HORAS	15: 00	QUINZE HORAS
04: 00	QUATRO HORAS	16: 00	DEZESSEIS HORAS
05: 00	CINCO HORAS	17: 00	DEZESSETE HORAS
06: 00	SEIS HORAS	18: 00	DEZOITO HORAS
07: 00	SETE HORAS	19: 00	DEZENOVE HORAS
08: 00	OITO HORAS	20: 00	VINTE HORAS
09: 00	NOVE HORAS	21: 00	VINTE E UMA HORAS
10: 00	DEZ HORAS	22: 00	VINTE E DUAS HORAS
11: 00	ONZE HORAS	23: 00	VINTE E TRÊS HORAS
12: 00	DOZE HORAS	24: 00	VINTE E QUATRO HORAS

Note que:
24:00 = zero hora

Para horários em aeroportos, terminais de trem e ônibus são usadas 13:00 (treze horas), 14:00 (quatorze horas) etc. No seu país também?

Lição A

Diálogo

Faixa 37

Júlio: Estou cansado, Soraia. Que semana, hein?
Soraia: É verdade. Esta semana está difícil, mas amanhã é sexta-feira.
Júlio: É mesmo. Nossa! Amanhã é sexta-feira! Quando eu viajo para Manaus?
Soraia: Sexta da semana que vem, seu Júlio.
Júlio: Que horas são, Soraia?
Soraia: São 16h45.
Júlio: Acho que vou para casa. Hoje não consigo mais trabalhar.
Soraia: O senhor quer ir agora? Quer um táxi?
Júlio: Acho que sim. O trânsito está complicado hoje. Não quero dirigir.

Lição A

Gramática

Lembra?
Lembra do verbo querer?
O verbo *querer* aparece na Unidade 3

Verbos *querer*, *estar*, ser e *achar*

querer **+ verbo** (infinitivo)
O senhor *quer* ir agora?

querer

Eu	quero
Você Ele Ela A gente	quer
Nós	queremos
Vocês Eles Elas	querem

estar **+ adjetivo**
Estou cansado, Soraia.
O trânsito hoje *está* complicado.

estar

Eu	estou
Você Ele Ela A gente	está
Nós	estamos
Vocês Eles Elas	estão

O verbo *estar* é irregular no presente [estou / estão]

ser **+ substantivo**
É verdade. / Amanhã *é* sexta-feira.

ser

Eu	sou
Você Ele Ela A gente	é
Nós	somos
Vocês Eles Elas	são

Achar **+ que = pensar que ->**
expressa opinião
Acho que sim. / *Acho* que não.

achar

Eu	acho
Você Ele Ela A gente	acha
Nós	achamos
Vocês Eles Elas	acham

O verbo *achar* é regular e é da 1ª conjugação. A 1ª conjugação tem os verbos com final *-ar*.

Ser **e** ***Estar***

Os verbos *ser* e *estar* têm significado próximo,
mas usos diferentes.

Ser* – *permanente	***Estar* – *provisório***
ser	***estar***
Eu ***sou*** *brasileiro*. (nacionalidade)	Eu ***estou*** *ocupado*. (adjetivo)
Ela ***é*** a *Sofia*. (nome próprio)	Ela ***está*** *com fome*. (expressão)
Você ***é*** *professor*. (profissão)	Hoje ***está*** nublado. (adjetivo)
Nós ***somos*** *casados*. (estado civil)	Nós ***estamos*** bem. (advérbio)
Eles ***são*** *altos*. (estatura)	Os dias ***estão*** longos. (adjetivo)

Lição A

Construção do conteúdo

A. Complete os diálogos abaixo com o verbo *estar*.

1. **Kelly:** Pedro, você ________ cansado hoje?
Pedro: ________. Por quê?
Kelly: Porque você não está trabalhando direito.

2. **Ricardo:** Como ________o trânsito hoje?
Daniel: O trânsito ________ ruim.

3. **Marcelinho:** As aulas de matemática ________ muito difíceis neste semestre.
Lalá: ________ sim. Eu ________ preocupada.

B. Complete os diálogos abaixo com o verbo *SER*.
1. **João:** Você ________ o Antônio?
Antônio: ______ sim. E você é o Pedro, não é?
João: Sou. Quanto tempo, cara.
Antônio: Nossa. ________verdade. Uns 10 anos, né?

2. **Júlio:** Com licença, o senhor ________o professor Carlos?
Carlos: Eu mesmo. E você ________...?
Júlio: Eu ______ o Júlio. Seu aluno do 5º ano.

3. **Marcelo:** Por que matemática ________ tão difícil?
Larissa: ________ verdade. Matemática ________ impossível de entender.

C. Complete os diálogos abaixo com o verbo *SER* ou *ESTAR*.
1. **Joaquim:** Você ________ feliz, Maurício?
Maurício: ______ sim. E você não, Joaquim?
Joaquim: Claro que ________. Esta festa _________ sensacional.
Maurício: Nossa. Aquela _________a Suzana?
Joaquim: Não. Aquela __________a Sílvia. A Suzana ________morena e baixa. A Sílvia ________ loira e alta.
Maurício: Ah. _______ verdade.
Joaquim: E aqueles? Quem ________ eles?
Maurício: O Gildardo e a Nancy. Eles __________muito simpáticos. Eles ___________ holandeses.

D. Complete o diálogo com os verbos *querer* e *achar*.
Josué: Karina, aonde você ________ ir hoje?
Karina: Não sei. Ao parque? Você ________ que está aberto?
Josué: ________que sim. Você ________ ir?
Karina: Eu ________. Minha irmã também ________.
Josué: Ela gosta de fazer exercícios?
Karina: ________que não.
Josué: Então é melhor ela ficar.
Karina: É... ________ que sim.

E. Oral: Use as palavras dadas para formular perguntas aos colegas. Conjugue os verbos.
1. onde – nós – estar?
2. professor – estar – cansado?
3. você – querer – comer – agora?
4. trânsito – estar – ruim – hoje?
5. exercícios – estar – difíceis?
6. exercícios – ser – difíceis?
7. eles – ser – casados?

Lição A

Ampliação do vocabulário

Adjetivos

masculino	feminino
adiantado(s) ≠ atrasado(s)	adiantada(s) ≠ atrasada(s)
cheio(s) ≠ vazio(s)	cheia(s) ≠ vazia(s)
lotado(s) ≠ vazio(s)	lotada(s) ≠ vazia(s)
cansado(s) ≠ descansado(s)	cansada(s) ≠ descansada(s)
complicado(s) ≠ simples	complicada(s) ≠ simples
livre(s) ≠ ocupado(s)	livre(s) ≠ ocupada(s)

masculino/feminino

difícil (difíceis) ≠ fácil (fáceis)

A. Coloque as frases que estão no singular, no plural e vice-versa.

1. Ele está adiantado.
2. Eu estou cansado.
3. As salas estão vazias.
4. Os ônibus estão lotados.
5. Ela está livre hoje.

B. Reescreva as frases acima usando os adjetivos opostos.

1. ______________________________
2. ______________________________
3. ______________________________
4. ______________________________
5. ______________________________

C. Faça frases usando os adjetivos do quadro para descrever as situações abaixo:

1. André ______________________

2. A prova ______________________

3. O trem ______________________

4. Flávia e Eduardo ______________________

Lição B

Panorama

ixa 38

Dias da semana e Meses do ano

Setembro						
Domingo	Segunda-feira	Terça-feira	Quarta-feira	Quinta-feira	Sexta-feira	Sábado
					1	2
3	4	5	6	7*	8	9
anteontem	ontem	hoje	amanhã	depois de amanhã		

* feriado [7 de setembro é feriado nacional no Brasil. Dia da independência]
sábado + domingo = fim de semana/final de semana

Meses do Ano

1. janeiro	7. julho
2. fevereiro	8. agosto
3. março	9. setembro
4. abril	10. outubro
5. maio	11. novembro
6. junho	12. dezembro

Que dia é hoje?
Que dia da semana é hoje?
Em que mês estamos?
Quando é o seu aniversário?
Quando é o feriado mais importante do seu país?

Faixa 39

Lição B
Diálogo

Lembra?
na conversação,
o pronome *me* vem
antes do verbo

Lembra?
pra = para

César: Você *me* liga amanhã?
Nancy: Claro!
César: A que horas?
Nancy: Depois do meio-dia está bom pra você?
César: Não. Antes do meio-dia porque depois do meio-dia eu estudo e trabalho.
Nancy: A que horas você estuda?
César: Estudo à tarde e trabalho à noite.
Nancy: Amanhã também?
César: Claro! Por que a pergunta?
Nancy: Porque amanhã é sábado.
César: Ah! Amanhã, não. Só segunda.

Lição B
Gramática

Verbos ***estudar*** e ***trabalhar***, Locuções adverbiais de tempo

Presente do Indicativo

estudar

Eu	estudo
Você Ele Ela A gente	estuda
Nós	estudamos
Vocês Eles Elas	estudam

estudar + antes de
estudar + depois de
estudar + de manhã, de tarde (= à tarde) e de noite (= à noite);
estudar + às segundas, às terças etc.

Eu **estudo** às 8h00.
Você **estuda** às segundas?
A gente **estuda** à tarde.
Nós **estudamos** à noite.
Elas **estudam** antes do meio-dia.

trabalhar + antes de
trabalhar + depois de
trabalhar + de manhã, de tarde (= à tarde) e de noite (= à noite);
trabalhar + às segundas, às terças etc.

Eu **trabalho** de manhã.
Você **trabalha** mais às quintas?
Ele **trabalha** às 7h00.
Nós **trabalhamos** depois do meio-dia.
Eles **trabalham** à noite.

Os verbos terminados em *-ar* são da 1ª conjugação.
Os verbos regulares terminados em *-ar* conjugam-se como o verbo *estudar*.

Lição B

Construção do conteúdo

A. Complete com os verbos e com locuções adverbiais de tempo.

1. Eu ________(trabalhar) ________noite.
2. Meus amigos não ________ (estudar) ________das 8 da noite.
3. O Genuíno ________ (trabalhar) ________ manhã?
2. Meu namorado e eu ________ (estudar) ________ terças e quintas-feiras.
3. Ela sempre ________ (estudar) ________ 6 da manhã?
4. Vocês não ________ (trabalhar) ________ tarde?

B. Responda às perguntas.

1. Quando você trabalha? ________________________________
2. A que horas você estuda português em casa? ________________________________
3. A que horas você está mais ocupado? ________________________________
4. Quando você descansa? ________________________________

C. Oral: Entreviste alguns colegas sobre seus horários. Use *quando* e *a que horas* para formular perguntas.

Exemplo:

A: A que horas você acorda, Mauro?

B: Acordo antes das 6.

Lição B
Ampliação do vocabulário

Horas II

12:00
(é) meio-dia

1:00
(é) uma hora (da manhã ou da tarde)

24:00 ou 00:00
(é) meia-noite

Note que:
Pode-se acrescentar *da manhã*, *da tarde* ou *da noite* depois da hora para deixar mais claro o horário.
Por exemplo, 8 *da manhã*; 3 *da tarde* e 7 *da noite*.

Faixa 40

A. Escute os diálogos e complete o quadro.

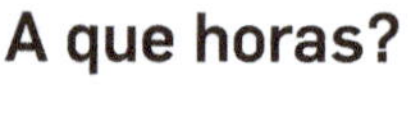

Atividade	A que horas?
1. praticar esportes	______
2. trabalhar até tarde	______
3. lavar louça	______
4. chegar em casa	______
5. jantar	______

B. E você? Complete o quadro com suas informações.

Atividade	A que horas?
1. praticar esportes	______
2. trabalhar até tarde	______
3. lavar louça	______
4. chegar em casa	______
5. jantar	______

Lição C

Panorama

Procurando algo

Cadê o seu livro de português? (= Onde está o seu livro de português?)
Por que você estuda português? Porque...
Faça perguntas com *cadê* e com *por que* para seu colega.

Lição C

Diálogo

Na conversação:
Dona = A senhora

Alberto: Bom dia, *dona* Lúcia. Tudo bem?
Lúcia: Tudo, obrigada. E o senhor?
Alberto: Tudo bem, obrigado. *Dona* Lúcia, hoje, começa a secretária nova, certo?
Lúcia: É, sim, seu Alberto. Tem problema?
Alberto: Não. É porque eu não me lembro como ela se chama.
Lúcia: Um minutinho... Cadê o currículo?
Ah! Simone.
Alberto: De onde ela é?
Lúcia: De Minas.
Alberto: Onde ela mora?
Lúcia: Hum... Aqui perto, na Bela Vista.
Alberto: Quantos anos ela tem?
Lúcia: 24.

Lição C

Gramática

Pronomes interrogativos e Advérbios interrogativos

Como ela se chama mesmo?
De onde ela é?
Onde ela mora?
Quantos anos ela tem?
Cadê o currículo?
Porque não me lembro como ela se chama.

Pronomes interrogativos	Advérbios interrogativos
Que...?	Onde? (= Cadê?)
Quem?	Como?
O que...?	De onde?
Qual?	Quando?
Quanto? (Quantos/Quanta/Quantas)	Por que... ? (pergunta)
	Porque... (resposta)

Onde está ...? = **Cadê ...?**
Onde ele está? = **Cadê ele?**
Onde está meu livro? = **Cadê meu livro?**

Lição C

Construção do conteúdo

A. Complete as perguntas com os pronomes e advérbios interrogativos apropriados.

1. ____________ eles são? Do Peru?
2. ____________ anos tem sua mãe?
3. ____________ é aquilo?
4. ____________ você mora no Rio de Janeiro?
5. ____________ eles moram?
6. ____________ é seu apelido?
7. ____________ ela se chama?
8. ____________ é a sua secretária?

B. Complete o diálogo com pronomes interrogativos:

Celina: Oi. Desculpa, ___________ você se chama?
Ivete: Ivete. ___________ é o seu nome?
Celina: Celina. Eu moro aqui com meu marido e meus filhos. ___________ você mora?
Ivete: Aqui também. Moramos no mesmo andar.
Celina: Mesmo? Que distraída! ___________ mora com você?
Ivete: Moro sozinha. ___________ filhos você tem?
Celina: Dois. Esse aqui é o Marcelinho.
Ivete: Que gracinha! ___________ vocês são? De Brasília mesmo?
Celina: Não, nós somos do Sul.
Ivete: Nossa! Você não tem sotaque! Bem, até logo.
Celina: Tchau.

Na conversação:
Desculpa = Desculpe

C. Oral: Faça perguntas aos colegas usando os pronomes e advérbios interrogativos.

como | onde | quantos | qual | o que | de onde | quem | cadê

Lição C
Ampliação do vocabulário

Revisão e ampliação de verbos

Verbos irregulares	Verbos regulares da 1ª conjugação	
ser	achar = pensar	estudar
ter	começar ≠ terminar	ligar = telefonar
estar	comprar	morar
poder	conectar ≠ desconectar	precisar
querer	conversar = falar	trabalhar
	enviar = mandar	

A. Escolha o verbo que melhor completa o diálogo e conjugue-o, se necessário.

1. **Márcia:** Vamos pra academia mais tarde? Quero fazer uma aula de ioga para relaxar.
Cris: Que horas __________ (ser/estar) a aula?
Márcia: __________ (ser/estar) às 20:00. Dá tempo! Vamos!
Cris: Está bem. Mas eu __________ (ser/estar) cansada. Só vou fazer esta aula e ir pra casa.

2. **Mauro:** Já estou indo. Até a noite!
Solange: Espere um pouco, querido... você __________ (comprar/precisar) tomar café!
Mauro: Estou atrasado! __________ (poder/precisar) chegar no trabalho em trinta minutos. Tenho uma reunião que vai __________ (começar/ estar) às 8:00!
Solange: Você pode __________ (comprar/precisar) algumas coisas no supermercado quando voltar? Aqui __________ (ser/estar) a lista.
Mauro: Tudo bem, mas __________ (ter/achar) que vou __________(ligar/trabalhar) até as 8:00 hoje. Meu dia vai ser complicado.
Solange: Obrigada, querido, nós __________ (conversar/conectar) mais tarde!

3. **Mãe:** Carol, vamos logo! Você já __________ (ser/estar) atrasada!
Filha: Já vou, mãe! Por que nós __________ (estudar/morar) tão longe da escola? Tenho que acordar tão cedo. Minhas amigas __________ (estudar/morar) mais perto da escola!

Faixa 42

B. Escute os diálogos e confira as suas respostas.

Lições A, B e C

Compreensão auditiva

Faixa 43

Escute os diálogos e assinale (X) na resposta correta.

1. São	( ) 17:00	( ) 18:15	( ) 17:15
Luciana quer	( ) ir pro cinema	( ) ir pro shopping	( ) ir pro parque
Melissa está	( ) na rua	( ) no ônibus	( ) no táxi

2. O assento está ( ) ocupado ( ) livre ( ) complicado

É ( ) domingo ( ) sábado ( ) sexta

Rodrigo é ( ) de São Paulo ( ) da Sé ( ) do Rio

3. Gerson ( ) manda o arquivo ( ) não manda o arquivo
( ) manda uma mensagem de texto

O documento tem ( ) três páginas ( ) duas páginas ( ) uma página

Vera ( ) escaneia o arquivo ( ) xeroca o arquivo

Lições A, B e C

Aplicação oral do conteúdo

Preencha a tabela abaixo com as suas atividades regulares durante a semana. Por exemplo, jogar tênis, estudar, trabalhar, almoçar etc.

	domingo	segunda	terça	quarta	quinta	sexta	sábado
manhã							
tarde							
noite							

Depois de preencher a tabela, convide um colega para fazer algo com você. Por exemplo, almoçar, jantar, fazer compras, ir no cinema, viajar.

Exemplo:
A: Você quer ir no cinema comigo na quarta?
B: A que horas?
A: À noite. Depois das 8h. Você pode?
B: Acho que não. Eu estudo às quartas-feiras à noite.
A: Você não quer ir sábado?
B: Sábado está ótimo.

Leitura

Minha rotina

"Minha rotina? Bem, durante a semana, eu acordo todos os dias às 6:45, tomo café e chego ao trabalho às 8:15. Começo a trabalhar às 8:30. Ainda bem que trabalho perto de casa! Eu sempre almoço no restaurante da empresa durante a semana das 12:30 às 13:30, depois volto para o trabalho e vou para a faculdade às 6:30 da noite. Chego sempre em casa às 11:30. Preciso de férias."

Maria Rodrigues
Assistente financeira e estudante

"Eu acordo às 7:00 da noite, tomo banho e minha esposa prepara o jantar. Janto e vou para o trabalho. Pego dois ônibus e chego ao trabalho às 9:30 da noite. Ainda bem que nesse horário não tem muito trânsito. Trabalho das 22:00 às 6 da manhã, mas esse horário é bom para mim. Além disso, trabalho três dias e posso folgar um."

Pedro Gomes
Segurança

A. Compreensão de texto.

1. Quem acorda antes das 7 da manhã? Quem acorda à noite?

____

2. Quem almoça todos os dias no restaurante da empresa?

____

3. Quem janta em casa?

____

4. Quem estuda à noite?

____

B. Como é sua rotina? Pergunte aos seus colegas e compare.

	a que horas você...	a que horas seu colega...
...acorda?	__________	__________
...vai para o trabalho ou escola?	__________	__________
...almoça?	__________	__________
...vai para casa?	__________	__________
	quando você...	**quando seu colega...**
...vai para a academia?	__________	__________
...estuda?	__________	__________
...viaja?	__________	__________
...vai para o cinema/teatro?	__________	__________
...vai para o restaurante/ barzinho/danceteria?	__________	__________

Redação

Escreva uma redação descrevendo sua rotina. Utilize os depoimentos da **Leitura** como modelo.

Consolidação lexical

Verbos e seus complementos II

Encontre o melhor complemento para os verbos abaixo e acrescente mais um a cada verbo, quando possível.

estar ____________________
ser ____________________
estudar ____________________
tomar ____________________
chegar ____________________
querer ____________________
ter ____________________
poder ____________________
pegar ____________________
morar ____________________
ir ____________________

Complementos:

cansado(a) português banho no cinema de São Paulo o ônibus
atrasado(a) à noite pra São Paulo um carro café em São Paulo
hoje dinheiro até tarde em casa trinta anos brasileiro

Pronúncia do Português

Parte 2

Vogais Nasais

O som nasal das vogais ocorre em duas situações: com o sinal gráfico ~ e geralmente antes das letras *m* e *n* (consoantes nasais) dentro de uma mesma sílaba.

ixa 44

A. Escute as vogais nasais:

cansado   dente   ponte   ruim   um   fã   limões

Somente as vogais *a* e *o* recebem o sinal gráfico ~ (til).

ixa 45

B. Escute a diferença entre as vogais orais e nasais. Repita em voz alta.

massa – maçã	pá – pão	mito – minto
foto – fonte	bebê – bem	mudo – mundo

ixa 46

C. Escute o seguinte diálogo prestando atenção nas palavras sublinhadas. Pratique o diálogo com um colega.

João: Oi, Luiza. Tudo bem?
Luiza: João. Quanto tempo!
João: Você vai comprar ingresso para a apresentação de dança?
Luiza: Vou. Sou fã desse grupo.
João: Ainda temos um tempo. Quer comer alguma coisa?
Luiza: Uma torta de limão.
João: Então vamos. Quero uma de maçã. Eu pago a conta.
Luiza: Legal, mas vamos logo. Ainda tenho que encontrar minha irmã.

Exercício: Improvise um diálogo curto com um colega usando as seguintes palavras:

profissão   mãe   irmão   trabalham   onde   banco   amanhã   domingo

Revisão das Unidades 4 e 5

A. Escolha a alternativa correta:

1.

A: Eu vou pedir ____________: duas esfihas abertas e três fechadas e dois quibes. Estou morta ______________. E você, Jorge?

B: Eu também ___________ de fome, mas vou pedir uma pizza. Prefiro comida _________. E para beber?

A: Vou querer cerveja.

B: Eu também.

a. comida brasileira – de sede – estou morta – italiano
b. comida árabe – de fome – estou morto – italiana
c. comida japonesa – de sede – estou morta – italiana

2.

A: Você ____________ que o trânsito __________ ruim hoje?

B: Eu ____________ que o trânsito _______ sempre complicado nesta cidade.

A: Verdade. Bem, então, eu _____________ sair mais cedo.

a. acho – está – acha – é – precisa
b. acha – está – acho – está – precisa
c. acha – está – acho – é – preciso

3.

A: ____________ o Marcelinho?

B: Está ali.

A: Ali __________?

B: No quintal.

A: Marcelinho, _____________você quer comer?

a. cadê – onde – o que
b. onde – onde – o que
c. onde – cadê – quem

4.
A: __________ é aquela moça?
B: Acho que é a Maria.
A: _________ ela é?
B: Acho que de Manaus
A: __________ ela mora?
B: Não sei. ____________ tantas perguntas.

a. quem – onde – onde – quantas
b. quem – de onde – onde – por que
c. quem – de onde – cadê – por que

5.
A: Sueli, vamos comer naquele restaurante ali. Estou com fome. Ali não é ______caro, _________ barato.
B: Eu não estou com fome, ___________ estou _________. Estou __________ beber uma cerveja.
A: Tudo bem. ___________ eu como, você bebe.

a. nem... não... – mas – cansada – com vontade – enquanto
b. nem... nem... – mas – com sede – com vontade de – enquanto
c. não... nem... – mas com frio – com vontade de – quando

B. Complete os diálogos com os verbos adequados. Conjugue os verbos, caso seja necessário.

viajar (3x) ir (3x) estar (5x) fazer acordar poder ser(2x) achar (2x)

1.
A: A que horas o táxi vem me buscar?
B: O Sr. Carlos_______ aqui às 7:00 amanhã?
A: Nossa! Eu vou ter que _______ muito cedo.

2.
A: Quer algo melhor do que ______________? Você conhece tantos lugares bonitos e pessoas interessantes.
B: Bem, eu gosto muito de ___________, mas acho que melhor do que __________ é comer. rsrsrsrs

3.
A: O que vocês _______ da mensagem da chefe?
B: Eu acho que ela _____________ feliz com o resultado do nosso trabalho.
A: Também _______________ e eu também _________feliz.

4.
A: Vocês _______ fazer o favor de falar mais baixo?
B: Nossa. Desculpa aí.

5.
A: Quem ___________o próximo presidente?
B: Não tenho ideia, mas eu vou ___________campanha para o meu candidato.

6.
A: Que horas _______?
B: Quase meia-noite. Por quê?
A: __________com sono. Você não __________?

7.
A: O que você ___________fazer no fim de semana?
B: Nada de especial. E você?

8.
A: Vocês_______ sair agora?
B: Não. ___________sair daqui a meia hora.

C. Coloque na ordem certa.

1. italiano/ queremos/ naquele/ nós/ restaurante/ não/ almoçar

____

2. o Marcelo/ o Pedro/ com/ para/ ligo/ você/ eu/ enquanto/ fala

____

D. Crie perguntas para as respostas.

1. ______________________________?

Estudo à noite e aos sábados de manhã. E você?

2. ______________________________?

Seu celular está aqui, em cima da mesa.

3. ______________________________?

Eu falo bem francês, mas não falo bem espanhol.

4. ______________________________?

Enquanto eu preparo o almoço, você lava a louça.

5. ______________________________?

Não, ele está atrasado.

6. ______________________________?

Três vezes por semana.

7. ______________________________?

Lá fora.

8. ______________________________?

Porque moro no Brasil.

E. Dê o oposto dos adjetivos grifados:

O Mauro está cansado. Todo dia chega atrasado no trabalho. Quase nunca ele está livre.

____

F. Dê o oposto das expressões grifadas:

Está muito quente hoje. Estamos com calor.

____

G. Em duplas, pergunte ao colega sobre o que ele está com vontade de fazer e o que ele vai fazer neste final de semana.

Unidade

6

Vamos no cinema, Ana?

Lição A
Panorama

Entretenimentos no fim de semana

A: Pra onde você vai no fim de semana?
B: Eu vou ...
A: O que dá pra fazer lá?
B: Dá pra ...

Faça perguntas ao seu colega, usando *O que você ...?*, *O que dá pra ...?*

Na conversação
Informalmente, usamos *ir + no(s)/ na(s)* em vez de *ir + à(às)/ao(s)* ou *ir + para a/ para o*.
Formalmente, usamos: Eu *vou ao* cinema/ Eu vou *para o (pro)* cinema.

Note que:
dar para = poder, é possível

Lição A
Diálogo

Faixa 47

Pedro: Já são 7:00. Preciso relaxar. Vamos *no* cinema, Ana?
Ana: Desculpe, Pedro. Não posso. Tenho que trabalhar até mais tarde. Minha agenda está cheia esta semana. Os clientes da Argentina estão aqui.
Pedro: E no fim de semana?
Ana: Tenho um almoço especial no sábado e um churrasco da agência no domingo. Mas na semana que vem estou livre. Já é outubro.
Pedro: Você pode na terça-feira?
Ana: Não. Às terças e quintas vou *na* academia.
Pedro: E quarta?
Ana: Posso. A que horas?
Pedro: Às 8:00 está bom?
Ana: Está ótimo. Combinado.

Lição A
Gramática

Verbos *ir*, *ter que* e *poder*

Informal
Verbo *ir* + preposição *em* + artigo + lugar
Vamos *no* cinema, Ana?
em + o
Vamos *na* balada?
em + a

Formal
Verbo *ir* + preposição *para* + artigo + lugar
Vamos *pro* cinema, Ana?
para + o
Vamos *pra* balada?
para + a

Informal
Onde você vai
às terças e quintas, Ana?
Na academia.

Formal
Aonde você vai
às terças e quintas, Ana?
À academia.
ou
Para onde você vai
às terças e quintas, Ana?
Para a (pra) academia.

Verbo *ter* + *que* + verbo
***Tenho que* trabalhar** até mais tarde.

Verbo *poder*
Você ***pode*** na terça-feira?

Lembra?
O verbo *ter* aparece na Unidade 3

Presente do Indicativo

ir

Eu	vou
Você Ele Ela A gente	vai
Nós	vamos
Vocês Eles Elas	vão

ter

Eu	tenho
Você Ele Ela A gente	tem
Nós	temos
Vocês Eles Elas	têm

O verbo *ir* é irregular e é da 3ª conjugação.

Lembra?
O verbo *poder* aparece na Unidade 3

poder

Eu	posso
Você Ele Ela A gente	pode
Nós	podemos
Vocês Eles Elas	podem

Lição A

Construção do conteúdo

A. Veja a rotina e os convites das pessoas abaixo e responda:

1. **João:** Às segundas e quartas, eu vou na minha aula de inglês. Vamos no cinema na quinta?

2. **Francisca:** Às terças e quintas, eu vou na academia. Vamos no teatro no sábado?

3. **Júlio:** Às sextas, eu vou no futebol. Vamos no clube no domingo?

1. Aonde o João vai às segundas e quartas?

____

2. Aonde a Francisca vai às terças e quintas?

____

3. Quando o Júlio vai para o futebol?

____

4. O João convida as amigas para ir no cinema. Qual é o convite da Francisca? E o do Júlio?

____

5. Aonde onde você vai às sextas, à noite?

____

6. Para onde você vai aos domingos?

____

B. Observe as figuras e diga o que as pessoas *têm que fazer* no domingo.

1. (estudar)
Ela ______________________________
____

2. (viajar)
Ele ______________________________
____

3. (ir no supermercado)
Elas ______________________________
____

4. (fazer o jantar)
Ele ______________________________
____

5. (mudar de casa)
Eles ______________________________
____

6. (limpar a casa)
Ela ______________________________
____

C. Complete o diálogo com os verbos indicados.

Rosário: Breno, você quer ____ (ir) no cinema comigo na sexta?
Breno: Na sexta... Desculpa, não _______ (poder). _____(ter) que viajar a trabalho.
Rosário: Jura? Que chato! Você ____ (poder) na semana que vem? A gente ____ (poder) ____ (ir) na quarta-feira. É até mais barato.
Breno: Na quarta ____ (ter) que trabalhar até tarde. Você não ____ (poder) na quinta?
Rosário: Bem, na quinta eu ____ (ir) na casa da minha irmã. É aniversário dela.
Breno: Meu Deus! Acho que é impossível. Convida a Marcela.
Rosário: Ela não ____ (pode). Ela ____ (ir) na praia. Acho que eu ____ (ir) sozinha...

D. Oral: Convide colegas para fazer algo com você. Use os verbos *poder* e *ter*. Mencione o dia da semana.

Lição A
Ampliação do vocabulário

Outros entretenimentos

Esportes individuais
dançar
correr
fazer ginástica
ioga
natação
caminhada = caminhar = andar

Esportes coletivos
jogar futebol
vôlei
basquete
beisebol

A. Ligue os objetos e os lugares aos esportes.

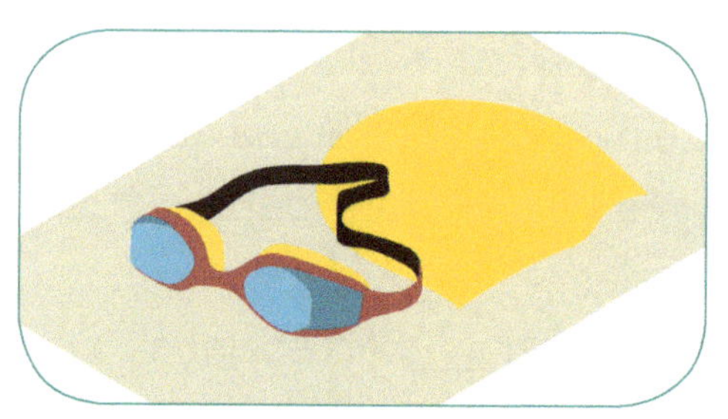

caminhada / corrida

dança

ginástica

ioga

natação

futebol

vôlei

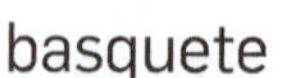

basquete

beisebol

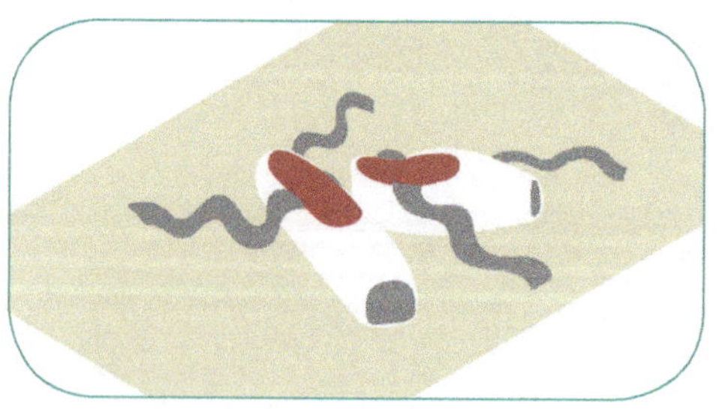

B. Responda às perguntas abaixo:

1. Qual é o seu esporte favorito?

___

2. Você pratica algum esporte? Qual?

___

3. Quais dos objetos acima você usa para esse(s) esporte(s)?

___

4. Onde você pratica esse(s) esporte(s)?

___

Lição B
Panorama

Família I

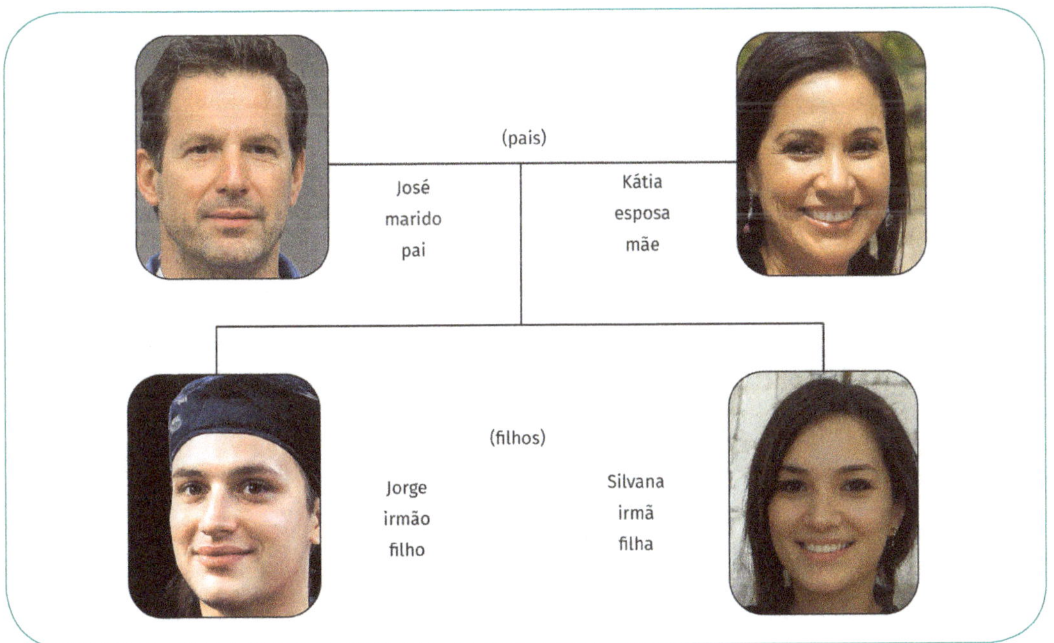

Fale sobre a sua família:

Você é solteiro ou casado?
Você tem esposa/ marido?
Você tem filhos?
Qual é o nome da sua esposa/ do seu marido?
Quais são os nomes dos seus filhos?

Lição B

Diálogo

Jorge: Sil, amanhã é aniversário do pai. O que a gente vai fazer?

Silvana: A mãe acha que a gente pode fazer uma festa surpresa.

Jorge: Festa surpresa? O pai não gosta de festas.

Silvana: Já sei, já sei. Que tal a gente ir num lugar diferente? Numa pizzaria? kkkkk

Jorge: Por que a ironia? Ele adora pizza.

Silvana: Mas no aniversário do pai a gente sempre vai numa pizzaria.

Jorge: Mas ele gosta ... e ... é aniversário dele, não seu.

Silvana: Está bem.

Jorge: A gente pode mudar de pizzaria.

Silvana: Quanta criatividade!

Note que:
já sei, já sei = *ok*
num = *em* + *um*,
numa = *em*+ *uma*

Lição B

Gramática

Verbos *ir*, *achar* e *gostar*

***Achar* + *que* = opinião**
A mãe *acha que* a gente pode fazer uma festa surpresa.

***Gostar* + preposição *de* + substantivos ou verbo**
O pai não *gosta de* festas.
Ele *gosta de* comemorar o aniversário na pizzaria.

Lembra?
Ir + *verbo* = futuro
O que a gente *vai fazer*?

Presente do Indicativo

ir

Eu	vou
Você Ele Ela A gente	vai
Nós	vamos
Vocês Eles Elas	vão

Lembra?
O verbo *ir* é irregular e é da 3a conjugação. Ele aparece na unidade 4, lição A

achar

Eu	acho
Você Ele Ela A gente	acha
Nós	achamos
Vocês Eles Elas	acham

Lembra?
O verbo *achar* é da 1ª conjugação e é regular. Ele aparece na unidade 5, lição A

gostar

Eu	gosto
Você Ele Ela A gente	gosta
Nós	gostamos
Vocês Eles Elas	gostam

Lembra?
O verbo *gostar* é da 1ª conjugação e é regular.

Lição B

Construção do conteúdo

A. Complete com o verbo *ir*.

1. Amanhã, eu __________ comprar uma agenda.
2. Terça-feira, Paula e eu __________almoçar juntas.
3. Os alunos __________viajar no fim de semana.
4. Vocês __________trabalhar no sábado?
5. Ela não __________pensar nisso.

B. Complete os diálogos a seguir com o verbo *gostar* + *de*.

1. A: Milene, você __________ comida mexicana?
B: __________ comer todos os tipos de comida.

2. A: Quem __________ estudar tarde da noite?
B: Nós __________.

3. A: Eles __________ esportes. E elas?
B: Não sei. Acho que __________ praticar esportes, sim.

4. A: Do que vocês __________?
B: __________ pensar na vida.

C. Complete o diálogo a seguir com os verbos *achar*, *gostar* e *ir* nos tempos verbais adequados.

Salete: Regina, meu namorado da Alemanha está aqui!
Regina: Legal. Vocês ________ (ir) se casar?
Salete: ________ (achar) que sim. Ele ________ (gostar) do Brasil.
Regina: Você ________ (acha) que ele ________ (ir) ter problemas de adaptação?
Salete: ________ (achar) que não. Escuta, quero fazer uma festa para ele.
Regina: Tá* bom. Você ________ (ir) fazer um jantar ou uma festa mesmo?

Salete: Não sei... Ele não ________ (gostar) de festas. Você ________ (achar) que podemos fazer um jantar na sua casa?
Regina: Podemos sim, claro. Vocês ________ (gostar) de comida italiana?
Salete: ________ (gostar).
Regina: Então eu ________ (ir) comprar uma lasanha.
Salete: Que delícia!!!
* pronúncia e grafia informal de *Está* = *Tá*

D. Oral: Entreviste um colega usando o verbo *gostar*. Depois pergunte quando ele *vai fazer* essas atividades: *amanhã, depois de amanhã, no final de semana* etc.

Gosta?

	Sim	Não	Quando
1. esportes	( )	( )	________
2. dançar	( )	( )	________
3. viajar	( )	( )	________
4. filmes	( )	( )	________
5. acordar cedo	( )	( )	________
6. cozinhar	( )	( )	________

Lição B

Ampliação do vocabulário

Família II

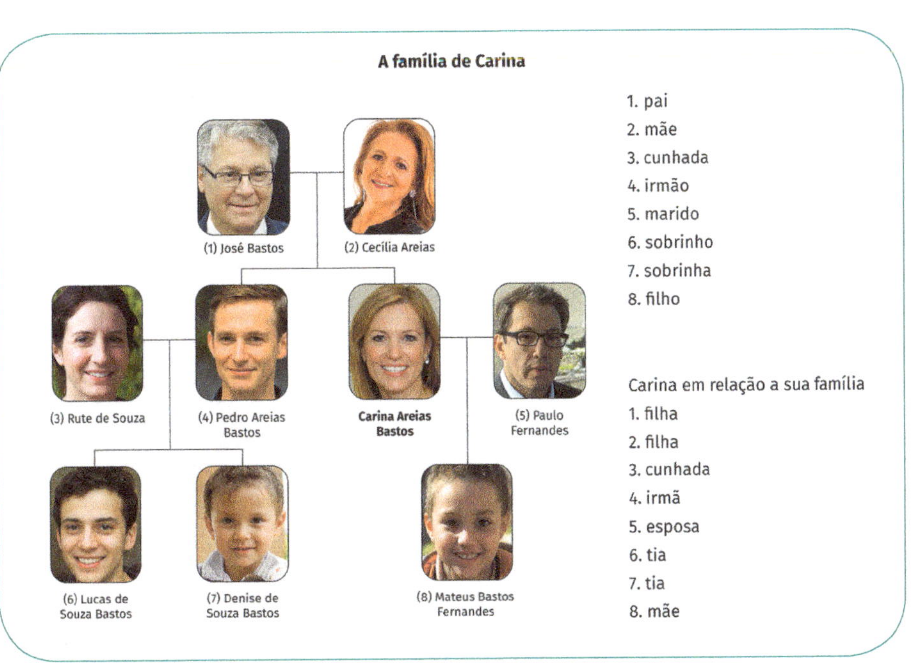

A. Com base na árvore genealógica abaixo, responda às perguntas.

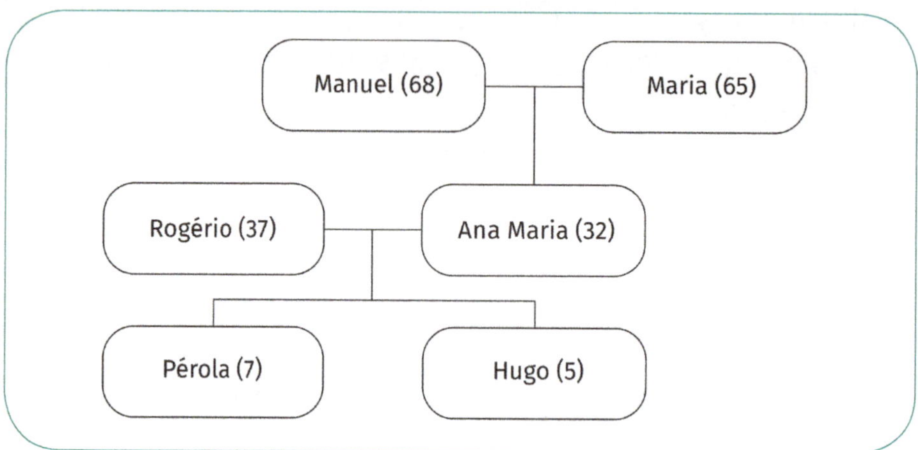

1. Quem é o marido da Ana Maria?

____

2. Quais os nomes dos filhos de Rogério?

____

3. Quem são os avós da Pérola?

____

4. Quem é a irmã do Hugo?

____

5. Quem é o pai da Ana Maria?

____

6. Quem é a esposa do Rogério?

____

7. Qual é a idade dos pais da Ana Maria?

____

B. Oral. Entreviste um colega.

1. Sua família é grande ou pequena?
2. Qual é o nome de seus pais?
3. Você tem irmãos? Se sim, quantos? Qual o nome deles? Que idade eles têm?
4. Qual é o nome de seus avós?
5. Você tem tios? Onde eles moram?
6. Você tem primos? Se sim, quantos? Qual o nome deles?

Lição C

Panorama

Rotina: A família de Ronaldo Gomes

Eu acordo às 6h00. Leio o jornal, tomo o café da manhã e vou pro trabalho às 6h30.

A Mara, minha esposa, acorda às 6h00 também. Prepara o café da manhã pra família e leva o Fábio pra escola.

O Fábio e a Sueli também acordam às 6h00. O Fábio vai pra escola às 7h30. A Sueli vai pra faculdade às 7h00 de metrô.

Fale sobre a sua rotina:

À que horas você acorda? À que horas você vai pro trabalho? Quem prepara o seu café da manhã?

Lição C

Diálogo

Fábio: Pai, o que você está fazendo?
Ronaldo: Estou lendo o meu jornal.
Fábio: Você pode me ajudar com esta lição de português?
Ronaldo: Desculpa, Fábio, mas estou terminando de ler o jornal e vou trabalhar.

Fábio: Mãe, o que você está fazendo?
Mara: Estou preparando o café da manhã.
Fábio: Você pode me ajudar com esta lição de português?
Mara: Agora não. Estou ocupada.

Fábio: Su, o que você está fazendo?
Sueli: Nada de especial. O que você quer?
Fábio: Você pode me ajudar com esta lição de português?
Sueli: Depende. O que é?
Fábio: Estou acabando a lição de português, mas não sei o plural de *lápis*.
Sueli: Hum, acho que é *lápis*. Por que você não procura no Google?
Fábio: Porque eu não sei.
Sueli: Vamos ver, ... *lápis* plural *lápis*. Está certo.
Fábio: Obrigado, Su.
Sueli: De nada.

Lição C

Gramática

Verbo ***estar*** + verbo - ***r*** + ***ndo***, Verbo ***saber***

Pai, o que você ***está fazendo***?
fazer - r + ndo = fazendo

Estou preparando o café da manhã.
preparar - r + ndo = preparando

Estou lendo o meu jornal.
ler - r + ndo = lendo

Eu não ***sei*** o plural de *lápis*.
Você ***sabe***?

Presente do Indicativo

saber	
Eu	sei
Você Ele Ela A gente	sabe
Nós	sabemos
Vocês Eles Elas	sabem

O verbo *saber* é da 2ª conjugação e é irregular.

Lembra?
Por que ...? **(pergunta) /**
porque **(resposta)**
Por que você não procura no Google?
Porque eu não sei.

Lição C

Construção do conteúdo

A. Observe as figuras e escreva o que as pessoas *estão fazendo*.

1. ______________________________

2. ______________________________

3. ______________________________

4. ______________________________

____

5. ______________________________

____

6. ______________________________

____

B. Complete os diálogos com a forma mais adequada.

1. A: Por que a Maria não está trabalhando hoje?
B: Porque __________ (cansada).

2. A: Por que você está estudando português?
B: Porque __________ (querer).

3. A: Por que a Patrícia está correndo?
B: Porque __________ (atrasada).

4. A: Por que o Valdemar e o Luiz estão acordando?
B: Porque __________ (trabalhar).

5. A: Por que você está neste país?
B: Porque __________.

C. Complete os diálogos com o verbo *saber*.

1. **Juliano:** Roger, você ___________ qual é a capital da Espanha?
Roger: ___________. É Barcelona.
Juliano: Você não ___________ nada. É Madri.

2. **Sidney:** Alunos, vocês ___________ o que é carbono?
Alunos: ___________ sim. É um elemento químico.

3. **Cida:** Quem ___________o endereço da Paula?
Lucas: Eu ___________.

4. **Marcos:** O seu chefe ___________o dia da reunião?
João: Acho que ele ___________, mas nós também ___________.

D. Oral: O que as pessoas estão fazendo no parque? Descreva a cena a seguir. Faça perguntas a um colega.

Lição C

Ampliação do vocabulário

Note que:
Andar também é usado com meios de transporte.

Meios de transporte e verbos de locomoção

Metrô

Avião

Táxi

Carro

Ônibus

Trem

Bicicleta

Andar de bicicleta = ir de bicicleta

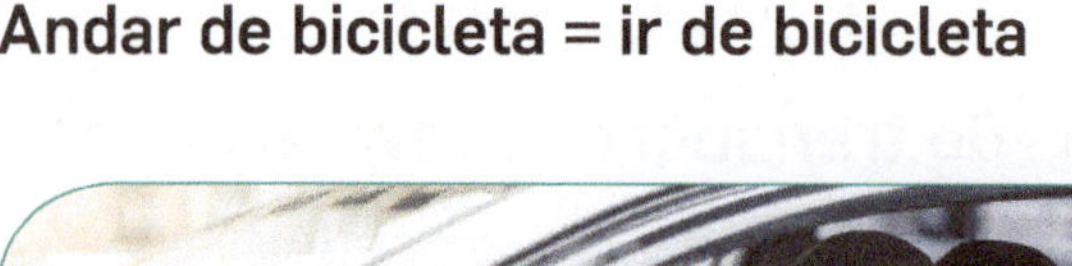

Tomar ou pegar ônibus / táxi / metrô / trem = ir de ônibus / táxi / metrô / trem

Dirigir = ir de carro

Andar a pé = ir a pé

Andar de avião = ir de avião / viajar de avião

ixa 50

A. Escute os diálogos e complete o quadro.

	meio de transporte escolhido	o local é perto ou longe?
1. Juliana		
2. Mateus		
3. Eduardo		

B. Responda às perguntas.

1. Quais meios de transporte são usados em sua cidade natal?

____

2. Você gosta de andar a pé? Onde?

____

3. Você gosta de andar de bicicleta?

____

Faixa 51

Lições A, B e C
Compreensão auditiva

Duas amigas estão decidindo o que fazer hoje à noite. Escolha a alternativa correta.

Leonice

1. ( ) está estudando ( ) está lendo
2. ( ) está descansada hoje ( ) está cansada hoje
3. ( ) vai sair com o irmão ( ) vai sair com a tia

Heloísa

1. ( ) vai dirigir ( ) vai de metrô
2. ( ) quer ir pro teatro ( ) quer ir pro cinema
3. ( ) vai sair com o irmão ( ) vai sair com a tia

Lições A, B e C
Aplicação oral do conteúdo

A. Ligue para um colega e convide seu colega para fazer algo mais tarde. Siga as instruções.

Aluno A – Liga para colega B
Pergunte ao seu colega:
O que ele está fazendo agora
O que vai fazer mais tarde
Ele gosta de futebol, cinema, teatro ou música?
Ele quer fazer algo mais tarde?
Como ele quer ir (transporte)

Aluno B – atende ao telefone
Responda às perguntas de seu colega e aceite o convite feito.

B. Entreviste um colega sobre a sua família. Preencha o quadro.
Como eles vão para o trabalho/para a escola?

____

O que gostam de fazer no fim de semana?

____

Irmãos?

Esposa/marido?

Filhos?

Pais?

Avós?

Leitura

Terminal Rodoviário Tietê

O Terminal Tietê é o maior da América Latina, com um movimento de aproximadamente 66 mil pessoas diariamente. Para atender esse movimento a empresa funciona 24 horas por dia, conta com 300 viações de ônibus e tem como destino cidades em 21 estados brasileiros. Além do Brasil, também é responsável pelo transporte para outros países como Argentina, Chile e Paraguai.
Adaptado de: <encurtador.com.br/kmzXO> Acesso em: 14 fev.2021

A. Leia o texto e responda às perguntas abaixo.

1. Qual é o maior terminal rodoviário da América Latina?

---

2. A quantos estados no Brasil o terminal atende?

---

3. Qual é o horário de funcionamento do terminal?

Redação

No seu país, você utiliza o terminal rodoviário? Quando?
Qual é seu meio de transporte favorito para longas distâncias?
E para curtas distâncias?
Escreva uma redação com base nas perguntas acima.

Consolidação lexical

Árvore Genealógica

Desenhe a sua árvore genealógica (utilize a árvore de Carina como modelo) e descreva os membros de sua família em relação a você na própria árvore.

Unidade

7

Atrasada de novo, Valquíria?

Lição A

Panorama

A locomoção na cidade de São Paulo

A população da cidade de São Paulo utiliza ônibus, metrô, trem, bicicleta, moto e carro para se locomover diariamente. Há também os que se locomovem a pé.

Como as pessoas se locomovem na sua cidade?
Como você se locomove de casa para o trabalho?

Lição A

Faixa 52

Diálogo

No ponto de ônibus

Valquíria: Bom dia.
Janaina: Oi. Tudo bem?
Valquíria: Tudo. Nada do *zero nove*?
Janaina: Ainda não. Estou esperando o *zero oito* ou o *zero nove*, mas os dois estão atrasados.
Valquíria: De novo? Vou chegar atrasada.

No trabalho

Valquíria: Bom dia, Rute.
Rute: Atrasada de novo, Valquíria?
Valquíria: É o meu ônibus. O chefe está aí?
Rute: Ainda não.
Valquíria: Que bom!
Rute: Por que você não pega metrô?
Valquíria: Eu pego ônibus e metrô. O problema é o horário.
Rute: O Juliano mora perto da sua casa, né?
Valquíria: Mora.
Rute: Ele vem de carro. Por que você não pega uma carona com ele?
Valquíria: Ele é estranho. Um dia ele está simpático, outro dia ele está antipático.
Rute: É verdade.

Lição A

Gramática

Verbos: *ser*, *estar* e *vir* / Sugestão: *Por que... não...?*

Presente do Indicativo

vir	
Eu	venho
Você Ele Ela A gente	vem
Nós	vimos
Vocês Eles Elas	vêm

O verbo *vir* é da 2ª conjugação e é irregular.
A conjugação dele é parecida com a do verbo *ter*.

Verbo *ser* + *adjetivo* (estado permanente)
Ele *é estranho.*
Ela *é inteligente.*
Elas *são bonitas.*

Verbo *estar* + *adjetivo* (situação temporária)
Um dia ele *está simpático,*
outro dia ele *está antipático.*
O trânsito *está complicado* hoje.
Ele *está bonito* hoje.
Hoje ela *está* mais *bonita.*

Verbo *estar* + *sempre* + *adjetivo* → indica hábito
Estar + *sempre* + adjetivo

Reclamação ou confirmação de uma situação (adjetivo com sentido negativo)
Ele *está sempre chateado.*
Ela *está sempre atarefada.*
Eles *estão sempre preocupados.*

Elogio (adjetivo com sentido positivo)
Ele *está sempre elegante.*
Ela *está sempre bonita.*
Eles *estão sempre alegres.*

Verbo *vir*
Eu **venho** de ônibus.
Ele **vem** de carro.
A gente **vem** de trem.

Sugestão
Por que você **não** pega metrô?
Por que ela **não** vem mais cedo?

Lição A

Construção do conteúdo

A. Complete os diálogos com os verbos *ser* e *estar.*

1. **Lucas:** Nossa, você ____________ cansado hoje Gabriel!
Gabriel: ____________ mesmo. Esta semana ____________ difícil para mim.

2. **Paula:** Meu marido ____________ muito engraçado.
Andreia: Por quê?
Paula: Ele gosta de contar piadas.

3. **Flávio:** Credo, meu dia ____________ horrível hoje.
Hugo: Vá para casa, Flávio.

4. **Celina:** Daniela, seus pais ____________ muito simpáticos.
Daniela: Obrigada, eles ____________ sempre assim.

5. **João:** Carlos, por que você ______________ sempre bravo?
Carlos: Eu não ___________sempre bravo. Eu ______________sempre ocupado e com pouco tempo para relaxar.

B. Complete o diálogo com os verbos *ir* e *vir*.
Aluno: Oi, professor. Desculpa. Estou atrasado.
Professor: De novo? Por que você está sempre atrasado? Você ____________ de ônibus para cá?
Aluno: Não. Eu ____________ de metrô. Mas ____________ para casa depois da aula de ônibus.
Professor: E suas amigas? Elas também estão atrasadas. Como elas ____________ para a aula?
Aluno: Acho que elas ____________ de carona. Mas ____________ para casa a pé.
Professor: Precisamos conversar sobre isso.
Aluno: Está bem, mas o senhor às vezes chega atrasado também. O senhor ____________ de ônibus ou trem?
Professor: Não, eu ____________ de carro, mas moro muito longe e o trânsito às vezes é muito ruim.

C. Oral: Entreviste um colega. Descubra como ele está *hoje*. Sugira algo. No final, complete com suas próprias ideias.
Exemplo:
A: Você está atarefado hoje?
B: Não. Por quê?
A: Por que a gente não almoça?
B: Tudo bem.

qualidade	sim	não	sugestão
atarefado			
feliz			
cansado			
relaxado			
estressado			

Lição A

Ampliação do vocabulário

Verbos

vir (aqui) – ***ir*** (lá)

trazer (aqui) – ***levar*** (lá)

buscar (= ir lá e trazer aqui)

A. Complete as mensagens abaixo com o verbo correto.

Tony: Oi, Duda! Tdb? Q sdds!!!!! Aqui tá td ótimo! Praia maravilhosa. Aproveitando muito. E vc? Qdo vai _______ (vir/ ir) aqui?

Eduarda: Oi, Tony. _______ (vir / ir) em breve. Ainda tô trabalhando.

Tony: Blz. Vc _________ (vir/ ir) de ônibus ou de carro? Pode _________ (trazer/ levar) refri e carne pro churrasco?

Eduarda: Claro!

Tony: O Marquinhos tá aqui. Ele pode te ________ (buscar/ trazer) de carro. Vc quer? É só avisar.

Eduarda: Tá. Legal. Obg. Bj.

Note que:

Algumas abreviações em mensagens informais são:

vc = você	*q = que*
rs, kkkk = risos	*pq = por que, porque*
blz = beleza, ok	qdo = quando
obg = obrigada/obrigado	tdb = tudo bem/bom?
tbm = também	tô = estou
sdds = saudades	tá = está, está bem/bom
td = tudo	*sqn = só que não*
bj = beijo	

B. Escute e responda as perguntas abaixo:

1. O que a Eduarda precisa levar para a praia?

___

2. Onde ela precisa ir?

___

3. Quem a Duda e o Marquinhos precisam buscar?

___

Lição B
Panorama

Onde ir no seu bairro

1. supermercado

2. farmácia

3. cinema

4. posto de gasolina

5. shopping center

6. padaria

7. correio

8. livraria

9. restaurante

10. banco

11. parque

12. café

13. igreja

14. loja de sapatos

Fale sobre o seu bairro: Você gosta do seu bairro?
O que tem lá? Aonde você vai no seu bairro?

Lição B

Diálogo

xa 54

Jaqueline: Vanessa? Você aqui neste supermercado?

Vanessa: Oi, Jaqueline. Estou morando perto daqui.

Jaqueline: *Sério*?

Vanessa: É. Somos vizinhas agora.

Jaqueline: Que legal! Você está morando no meu prédio?

Vanessa: Não. Estou morando no bairro. Estou a três quarteirões do seu apartamento, mas na rua de trás.

Jaqueline: E você está gostando daqui?

Vanessa: Estou. O apartamento não é muito grande. Tem dois quartos pequenos, uma sala, cozinha, banheiro e quartinho. Mas o bairro é ótimo.

Jaqueline: É verdade. Aqui tem metrô, ônibus, supermercados, lojas, correio, igreja e até um shopping center.

Na conversação

sério? = verdade? = mesmo?

Aonde = *A* (preposição) + *onde*: usado com verbos de movimento, como, *ir*, *chegar*.

Na conversação, *aonde* = *onde* e pode ser usado como em *Aonde* você vai?, mas usamos *Onde você vai no seu bairro*?

Note que:

até expressa *surpresa* = *e mais*

Aqui tem metrô, ônibus, supermercados, lojas, correio, igreja e *até* um shopping center.

Lição B

Gramática

Verbo *ter*

Verbo ter = haver (existir)
Aqui **tem** metrô, ônibus, supermercados, lojas, igreja e até um shopping center.
Aqui **não tem** correio.

A. Observe o mapa e escreva o que tem e o que não tem no bairro.

1. correio

Exemplo: *Tem um correio no bairro*

2. parque

____

3. loja de sapatos

____

4. cinema

____

5. farmácia

____

6. igreja

____

7. livraria

____

B. Escreva o que tem e o que não tem perto da sua casa.

C. Oral: Entreviste um colega sobre o que tem perto da casa e do trabalho dele. Marque com um *X* o que tem e pergunte o nome dos estabelecimentos.

Tipo de estabelecimento	Perto de casa	Nome do estabelecimento	Perto do trabalho	Nome do estabelecimento
Supermercado				
Farmácia				
Cinema				
Posto de Gasolina				
Shopping Center				
Padaria				
Correio				
Livraria				
Restaurante				
Banco				
Parque				
Café				

Lição B

Ampliação do vocabulário

O que fazer no seu bairro

almoçar

assistir a filmes

caminhar

encher (o tanque do carro)

enviar = postar (pacote)

tomar café

A. Coloque as palavras abaixo nos locais corretos no mapa:

cinema correio restaurante parque posto de gasolina
padaria livraria banco café

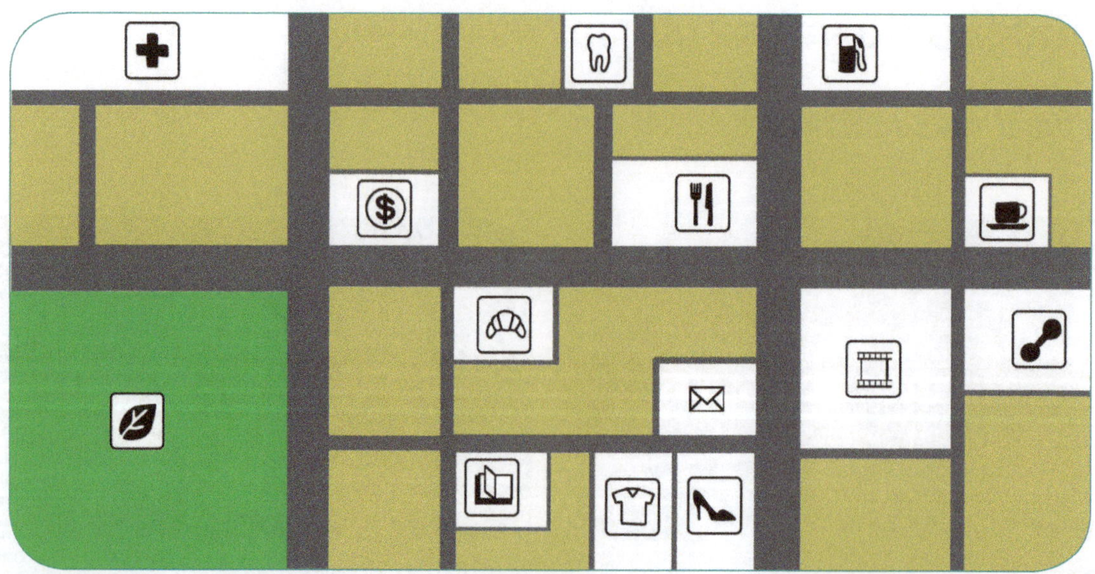

B. Ligue os locais às atividades abaixo (mais de uma alternativa é possível):

supermercado	almoçar
cinema	assistir a filmes
shopping center	caminhar
correio	comer
restaurante	comprar livros
parque	conversar
farmácia	correr
posto de gasolina	encher o tanque
padaria	postar pacotes
livraria	fazer compras
banco	jantar
café	pagar contas
	retirar dinheiro
	tomar café
	comprar remédio

C. Onde você prefere...

1. almoçar/ jantar?

____

2. assistir a filmes?

____

3. conversar?

____

4. pagar contas / retirar ou sacar dinheiro?

____

5. tomar café?

____

6. fazer compras?

____

7. correr / caminhar?

____

Lição C
Panorama

O que fazer no fim de semana

Em São Paulo as pessoas saem no fim de semana para se divertir. Elas vão ao parque, ao cinema, à balada, à igreja, ao museu, ao show, ao bar, à casa de chá e ao restaurante.

O que você gosta de fazer no fim de semana? O que você faz no fim de semana?
Você gosta mais de sair à noite ou de dia? Para que lugares as pessoas vão à noite?
Para que lugares as pessoas vão de dia?

Lição C

Diálogo

xa 55

Clara: Você sabe se aqui tem algum parque?
Jorge: Tem o parque da Aclimação. Não é muito perto, mas dá para ir a pé.
Clara: Eu prefiro o parque do Ibirapuera*.
Jorge: Mas é muito longe. Você conhece o parque da Aclimação?
Clara: Não.
Jorge: Eu vou lá duas vezes por semana. Podemos ir juntos.
Clara: Claro. Vamos combinar.

*muitas pessoas falam *Parque do Ibirapuera*, mas oficialmente é *Parque Ibirapuera*.

Lição C

Gramática

Verbos: *saber*, *conhecer*, *preferir*

saber

Verbo *saber* + advérbios interrogativos

– Você *sabe onde tem um* parque aqui?
– *Sei.* Tem o parque da Aclimação.

Eu *sei onde* fica a catedral da Sé.
Você *sabe como* chegar ao parque da Aclimação?
Ele não *sabe como* é o parque Ibirapuera.

Verbo *saber* + pronome interrogativo

A gente *sabe qual* é o nome dele.
(= A gente sabe o nome dele.)
Elas *sabem quem* é a Beatriz.

Verbo *preferir* + substantivo

Eu *prefiro* o parque Ibirapuera.

conhecer

Verbo *conhecer* + substantivo

– Você *conhece* parques por aqui?
– *Conheço* o parque da Aclimação.

Eu *conheço* a catedral da Sé.
Você *conhece* o parque da Aclimação?
Ele não *conhece* o parque Ibirapuera.

Verbo *conhecer* + nome de pessoa

A gente *conhece* o Pedro.
Elas *conhecem* a Beatriz.

Verbo *preferir* + verbo

Você *prefere estudar* ou trabalhar?

saber

Eu	s**ei**
Você Ele Ela A gente	sab**e**
Nós	sab**emos**
Vocês Eles Elas	sab**em**

O verbo ***saber*** é irregular na 1ª pessoa do singular (eu) e é da segunda conjugação. Os verbos da 2ª conjugação terminam em *-er*

conhecer

Eu	conheç**o**
Você Ele Ela A gente	conhec**e**
Nós	conhec**emos**
Vocês Eles Elas	conhec**em**

O verbo ***conhecer*** tem o **ç** na 1ª pessoa do singular (eu) para manter o som de *"s"* e é da segunda conjugação. Os verbos da 2ª conjugação terminam em *-er*

preferir

Eu	prefir**o**
Você Ele Ela A gente	prefer**e**
Nós	prefer**imos**
Vocês Eles Elas	prefer**em**

O verbo ***preferir*** é irregular na 1ª pessoa do singular (eu) e é da terceira conjugação. Os verbos da 3ª conjugação terminam em *-ir*

Lição C

Construção do conteúdo

A. Complete os diálogos com os verbos indicados.

1. **Júlio:** Carlinhos, você __________ (conhecer) este homem?
Carlinhos: __________ (conhecer). Ele é ator.
Júlio: Isso. O nome dele é John Travolta. E esta mulher aqui?
Carlinhos: Esta eu não __________ (conhecer). Quem é?
Júlio: Ela é atriz também. Francesa. Juliette Binoche.

2. **Xavier:** Carmem, sua irmã __________ (preferir) dançar ou ir a um restaurante?
Carmem: Dançar. Ela __________ (conhecer) muitas casas noturnas por aqui.

3. **Ivone:** Eu quero ir para a França. Você __________ (conhecer) a França?
Thiago: Não, mas meus pais __________ (conhecer). Eles viajam todo ano.
Ivone: Eles __________ (preferir) a França ou a Inglaterra?
Thiago: Acho que eles __________ (preferir) a Inglaterra, porque eles falam inglês.

B. Complete as orações com pronomes ou advérbios interrogativos.

1. A: Você sabe __________ é a Avenida Rio Branco?
B: Sei. É perto da Praça Princesa Isabel.

2. A: Ela sabe __________ mora nesta casa?
B: Sabe. É uma amiga dela.

3. A: Seus filhos sabem __________ é a igreja?
B: Sabem. Ela é toda amarela com detalhes em branco.

4. A: Você sabe __________ tem uma farmácia por aqui?
B: Tem uma ao lado do banco.

5. A: Vocês sabem __________ é o carro dela?
B: Sabemos. É aquele carro branco na esquina.

C. Oral: Fale com os colegas sobre os lugares (restaurantes, bares, lojas) de que você gosta em sua cidade. Descubra se eles conhecem o local e pergunte sobre suas preferências.
Dê dicas para seus colegas.

Exemplo:
A: Você prefere comida japonesa ou mexicana?
B: Prefiro mexicana.
A: Você conhece o restaurante *Los chicos*?
B: Pessoalmente não.
A: Você sabe onde é?
B: Sei. É perto daquela praça que tem a estátua do cavalo.
A: Isso. Por que não jantamos lá hoje?

Lição C

Ampliação do vocabulário

Na academia

alongamento

ginástica

musculação

ioga

natação

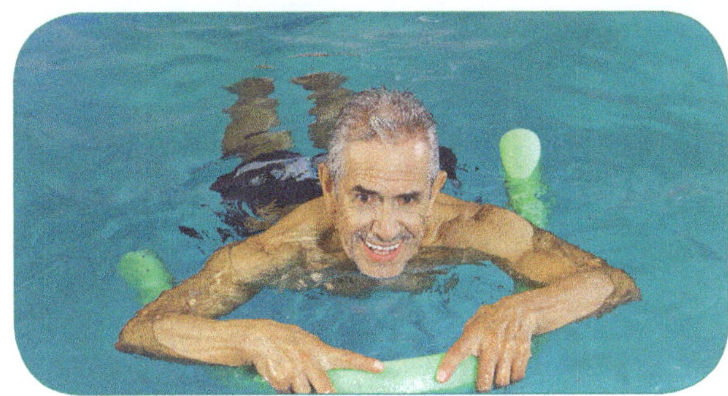

hidroginástica

dança

balé clássico

pilates

crossfit

A. Escute os diálogos e numere os desenhos de 1 a 4.

( )   ( )

( )   ( )

B. Quando e onde eles fazem as atividades em A?

Diálogo 1:

____

____

Diálogo 2:

____

____

Diálogo 3:

____

____

Diálogo 4:

____

____

Lições A, B e C

Compreensão auditiva

Faixa 57

Escute os diálogos e marque a resposta correta:

1. Marlene está

( ) ocupada ( ) cansada

Marlene conhece o Cine Brasil

( ) sim ( ) não

2. Márcio

( ) está ocupado hoje ( ) é ocupado

Pedro prefere

( ) a lanchonete ( ) o restaurante

3. A senhora prefere

( ) ir pra academia ( ) exercitar-se no parque

O senhor prefere café

( ) normal ( ) extraforte

O senhor vai

( ) para o mercado ( ) para o parque

Lições A, B e C

Aplicação oral do conteúdo

A. Você e seu colega querem sair depois da aula. Siga as instruções para montar um diálogo.

1. Descubra como seu colega está hoje.
2. Pergunte se tem algum local para ir perto de onde estão (cinema, restaurante, bar, teatro, parque etc.)
3. Fale sobre suas preferências e pergunte sobre as dele.
4. Decidam o que vão fazer (jantar, assistir a um filme, fazer compras, tomar café etc.)
5. Decidam aonde vão. Verifique se seu colega conhece os lugares de que você gosta.

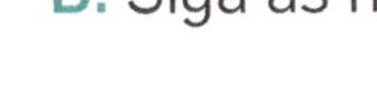

B. Siga as mesmas instruções para fazer um diálogo com outro colega.

Leitura

A. Ligue os locais aos objetos ou esportes.

ginástica

caminhada

brincadeiras

corrida

basquetebol

bicicleta

B. Parques de São Paulo.

Parque da Aclimação

Rua Muniz de Souza, 1.119 – Aclimação
Inaugurado em 16/01/1939 – tombado em 05/10/1986
Subprefeitura da Sé
Aberto diariamente das 5h às 20h
Área: 112.200 m²
Telefone: (11) 3208-4042

Infraestrutura

O parque tem lago, concha acústica, jardim japonês com espelho d'água, aparelhos de ginástica (barras), pista para Cooper e caminhada, playgrounds infantis, espaço para piquenique, estares, paraciclo, campo de futebol e sanitários. O parque também tem uma biblioteca, a Biblioteca Temática de Meio Ambiente Raull Bopp (equipamento pertencente à Secretaria Municipal da Cultura).

O espaço dispõe de rede wi-fi. Acessibilidade nos banheiros, entrada (por rampa) e áreas de circulação; cachorródromo. Há 4 vagas internas para pessoas com deficiência (com uso do cartão do DEFIS).

Adaptado de https://www.prefeitura.sp.gov.br/cidade/secretarias/meio_ambiente/parques/regiao_centrooeste/?p=5728. <Acesso em 14.03.2021>.

Parque Ibirapuera

Av. Pedro Álvares Cabral, s/n - Vila Mariana
Inaugurado em 21/08/1954
Subprefeitura de Vila Mariana
Área: 1.584.000 m²
Telefone: (11) 5575-5045 / 5573-4180
Aberto diariamente das 05h às 0h

Infraestrutura

O parque tem pista de Cooper, parque infantil, áreas de estar, ciclofaixa, bicicletário com aluguel de equipamentos, fonte multimídia, quadras poliesportivas, campos de futebol, aparelhos de ginástica e praças. Oferece estacionamento com sistema zona azul; acessibilidade em equipamentos de ginástica, banheiros, entrada do parque e áreas de circulação; o cachorródromo é informal. O parque é um dos destinos mais procurados pela população paulistana e uma das mais importantes áreas verdes, de cultura e lazer da cidade. É um referencial de visitação turística da cidade.

Adaptado de https://www.prefeitura.sp.gov.br/cidade/secretarias/meio_ambiente/parques/regiao_sul/index.php?p=14062 <Acesso em 14.03.2021>.

C. Responda às perguntas abaixo:

1. Qual parque

a. tem jardim japonês?

____

b. tem uma biblioteca?

____

c. é uma referência turística?

____

d. tem equipamento de ginástica?

____

2. Em qual parque é possível...

a. andar de bicicleta?

____

b. fazer ginástica?

____

c. jogar futebol?

____

Redação

Qual é o maior parque do seu país ou cidade? Você costuma ir ao parque? O que você faz nos fins de semana? Aonde você costuma ir?

Escreva uma redação com base na leitura e nas perguntas acima.

Consolidação lexical

Características

A. Dê o nome das pessoas que você conhece com as seguintes características:

1. Está sempre atarefado(a) e estressado(a):
2. É inteligente e estudioso(a):
3. É engraçado(a) e divertido(a):
4. Está sempre bonito(a) e arrumado(a):

B. Você se lembra de qual é a diferença entre os verbos *ser* e *estar*? Escreva as características de pessoas que você conhece, usando os verbos *ser*, *estar* e *estar sempre*.

Pronúncia do Português

Parte 3

Ditongos e Tritongos

Os ditongos (di = dois) e tritongos (tri = três) são combinações de vogais dentro de uma mesma sílaba. Assim como as vogais isoladas, eles também podem ser orais ou nasais. São pronunciados como um único som, sem pausa entre as vogais.

xa 58

A. Escute exemplos de ditongos. Repita em voz alta.

Orais: pai mau sei papéis meu mil* boi dói fui
Nasais: não vem** limões muito

* Em *mil*, a consoante *l* tem som de *u*.
** Nas terminações *–em*, o *m* não é pronunciado. Adiciona-se a vogal *i* nasalizada.

xa 59

B. Escute exemplos de tritongos. Repita em voz alta.

Orais: Paraguai enxaguei* delinquiu*
Nasais: saguão delinquem saguões

* Os verbos *enxaguar* e *delinquir* estão no passado (pretérito perfeito do indicativo).

xa 60

C. Exercício: Escute o diálogo e complete as partes das palavras que estão faltando com ditongos ou tritongos.

Manuel: P__ l___ ! Você aqui no aeroporto? V___ viajar?
Paulão: M___s p____ s est____ chegando de Niter_____. Mas, me fala. Como está a Júl____ ?
Manuel: Bem. Está em Brasíl____ hoje.
Paulão: E s____s filhos? Q_____ s os nomes deles mesmo?
Manuel: Rogér____ e Fabríc____ . O m___s velho está no Urug____ estudando.
Paulão: Bem, bom te ver. Ah, dep____s de amanhã é meu aniversár_____ . Passa lá em casa.
Manuel: Fal___ . A gente se vê.

Vogais *e* e *o* em posição final

Faixa 61

D. A posição da vogal na palavra pode alterar sua pronúncia. Observe o comportamento das vogais *e* e *o* (seguidas ou não de s) átonas no final das palavras. Como elas estão sendo pronunciadas?

gente verdades sempre febre neste
claro obrigado acho pro bancos

Como pode-se observar a vogal *e* átona final soa como *i* e a vogal *o* átona final soa como *u*.

Faixa 62

E. Escute o texto abaixo. Repita em voz alta. Peça ao professor ou a um colega que observe sua pronúncia. Preste atenção nas palavras sublinhadas.

Nas grandes cidades existem vários tipos de restaurantes. Nas áreas mais nobres, um sanduíche pode custar o mesmo que um prato à base de carne vendido em um local menos privilegiado.

Revisão das Unidades 6 e 7

A. Escolha a alternativa correta:

1. A: Sandra, _______ sair agora. ________ no supermercado só à noite. Estou atrasado.
B: Deixa que eu vou então. ______ livre.

a. tenho que, vou, estou
b. tem que, vai, estou
c. vou, tenho que, está

2. A: Você _____ qual o endereço do Murilo?
B: Não, mas ____ o zap dele.
A: Ótimo. Você ____ pergunta qual o endereço dele, por favor?

a. conhece, tenho que, posso
b. sabe, tenho, pode
c. conhece, tenho, pode

3. A: O que você ____?
B: Escrevendo um relatório. ___ muito ocupada. Não posso falar com você agora.
A: Você __ ocupada. Não acha que está trabalhando muito.
B: Acho, mas você ___ uma boa sugestão para eu trabalhar menos e ganhar mais.

a. está fazendo, é, está, tem
b. está fazendo, estou, é, tem
c. faz, estou, é, tem

4. A: Você ___ jogar xadrez?
B: Não, mas ___ jogar dama. Serve?
A: Você me ensina? Não ___ como funcionam esses jogar, mas ____ aprender.

a. conhece, sei, sei, quero
b. conhece, sei, conheço, gosto
c. sabe, sei, sei, quero

5. A: Como você ___ aqui?
B: De metrô, mas ___ para casa de Uber!

a. vem, vou
b. vai, venho
c. vou, vou

B. Complete os diálogos com os verbos adequados. Conjugue os verbos, caso necessário.

ter achar ir (2x) estudar estar conhecer trabalhar saber ver (imperativo) preferir buscar ter (= haver) ser

1. (ao telefone)
A: Oi, Lu! Tudo bem?
B: Mais ou menos. ____ cansada. Estou ___ muito. Acho que não ___ com vocês no cinema hoje à noite.
A: Nossa! Que pena, Lu.

2. B: ____ que ir.... meu chefe está chamando. A gente se fala mais tarde. Beijo.
A: Tchau, Ro. Beijo.

3. A: ____ que trânsito! Estamos atrasados de novo!
B: Vou começar a ___ para o trabalho de metrô!

4. (ao telefone)
A: Junior, é a Priscila.
B: Alô. O que aconteceu, Pri?
A: Estou sem carro e nesse horário não ____ mais ônibus pra casa. Você poderia me ____?
B: Claro! Onde você está?

5. A: Nossa! A Mariana _____ inteligente mesmo. Já está na faculdade sem fazer o cursinho!
B: Mas ela gosta de _____. Ela estuda, pelo menos, duas horas por dia!

6. A: O Natal está chegando. O que você ________ que podemos comprar de presente pro pai e pra mãe?
B: Acho que não podemos dar um par de meias de novo... o pai vai reclamar... e a mãe... nem quero pensar.

7. A: Carlos, você _____ o Ricardo?
B: Conheço! Você_____ o sobrenome dele?
A: Sim. É Bastos.

8. A: Onde você prefere ir no feriado? Pra praia ou pro interior?
B: Eu _______ a praia. Dá pra ficar na casa da Rita. O que você acha?

C. Coloque na ordem certa.

1. hoje / ? / você / ir / cinema / quer / no

____

2. chama / ele / mesmo / ? / se / como

____

D. Crie perguntas para as respostas.

1. ____?
Estudo à noite e aos sábados de manhã. E você?

2. ____?
O seu celular está aqui, em cima da mesa.

3. ____?
Não posso, tenho que estudar.

4. ____?
Este é meu marido, Adalberto e minhas filhas, Carina e Moyra.

5. ____?
Estou preparando o nosso café da manhã.

6. ____?
Gosto de ir para o interior nos finais de semana.

7. ____?
Conheço. A Rose estuda português comigo.

8. ____?
Pratico, porque faz muito bem à saúde.

E. Passe a 1ª pessoa do singular *eu* para 1ª pessoa do plural *nós* etc.

1. Eu prefiro andar de carro.

____

2. Você tem mais experiência do que eu.

____

3. Ela está descansada.

____

4. Ele precisa ir. Estou atrasado.

F. Mude o verbo *estar* por *ser* nas frases abaixo.

1. Ele está estranho.

____

2. Eu estou ocupado.

____

G. Em duplas, pergunte ao colega sobre rotina dele durante a semana e nos finais de semana.

Respostas dos Exercícios

Unidade 1

Lição A
Construção do conteúdo

A.
As respostas podem variar.

B.
Paulo: Oi. O meu nome é Paulo.
Carlos: Oi. Muito prazer. Eu sou o Carlos.
Paulo: O prazer é meu.

C.
1. Tudo bem *ou* Tudo e você?
2. Meu nome é ... *ou* Eu sou o (a) ...
3. Meu sobrenome é ...

Lição A
Ampliação do vocabulário

A.
1. Gonsalves
2. Maique
3. Xavier
4. Luiz
5. Nanci

B.
Cláudia: Oi. Meu nome é Cláudia.
Sílvia: Olá. Muito prazer. Meu nome é Sílvia.
Cláudia: O prazer é meu.
Sílvia: Cláudia, qual é o seu sobrenome?
Cláudia: Zorodoguoi.
Sílvia: Como?
Cláudia: Zorodoguoi.
Sílvia: Como se escreve/ soletra?
Cláudia: Z – O – R – O – D – O – G – U – O – I.

Lição B
Construção do conteúdo

A.
1. meu
2. sua
3. seu *ou* teu (na conversação)
4. meus
5. minha
6. seu
7. seus *ou* teus (na conversação)

B.
Carla: Oi. O meu nome é Carla. E o seu (*ou* teu)?
Marcos: O meu nome é Marcos. Muito prazer.
Carla: O prazer é meu.
Marcos: Carla, você é brasileira?
Carla: Eu sou, mas a minha mãe é mexicana.
Marcos: Nossa! A minha mãe não é brasileira também. Ela é italiana.

C. As respostas podem variar

Lição B
Ampliação do vocabulário

A.

```
T Ç S E C R E T Á R I O
J G H I A L O V F U B M
E R B N Z E T Q X S G E
S D E H M C E V U S N X
Q A R G E N T I N A S I
E T H I D X N I T L R C
B R A S I L E I R O X A
H F I U C Z Q P R I A N
L A D V O G A D A S Q O
G A F T S S I A S C L S
X E N F E R M E I R A O
```

B.
1. Nacionalidades
brasileiro - russa - mexicanos - argentinas
1. Profissões
secretário - enfermeira - médicos - advogadas

Lição C
Panorama

B.
As respostas podem variar.

Lição C
Ampliação do vocabulário

A.
1. Ele é japonês.
2. Ele é motorista.
3. O meu pai é enfermeiro.
4. A minha mãe é francesa.
5. A minha dentista é canadense.

B.
1. Eles são engenheiros.
2. Nós somos brasileiras.
3. Vocês são escritores.
4. Elas são chinesas.
5. Vocês são espanhóis.

C.
1. engenheiros
2. espanhola
3. brasileiros
4. advogadas
5. dentista

Lições A, B e C

Compreensão auditiva

A.
1. advogada
2. Ferrera
3. brasileiro

Lições A, B e C

Aplicação oral do conteúdo

A. As respostas podem variar.

Leitura

A.

	Maria Eduarda	Pedro
profissão	engenheira	dentista
nacionalidade	argentina	brasileiro

B. As respostas podem variar.

Consolidação lexical

As respostas podem variar.

Unidade 2

Lição A

Construção do conteúdo

A.
1. Aquela
2. Aqueles
3. Esta *ou* Essa
4. Estes *ou* Esses
5. Esta *ou* Essa
6. Estas *ou* Essas

B.
1. Carlos: Lúcia, aqueles são os novos diretores?
Lúcia: Não. Aqueles são os advogados.
Carlos: A mulher também?
Lúcia: Aquela é a nova médica.

2. Caio: Oi, Artur. Esta *ou* essa é a Karina. Ela é nova aqui.
Karina, este *ou* esse é o Artur, meu amigo.
Karina: Oi, Artur. Tudo bem?
Artur: Tudo.

3. Menina: Mãe, esse *ou* este é o Paulinho?
Mãe: É sim.

C. As respostas podem variar.

Lição A

Ampliação do vocabulário

A.
1. e Igualmente
2. c. Toda
3. f. Tudo, e você? ou b. Tudo!
4. g. Tchau, até amanhã!
5. a. Bem, obrigada!
6. d. De nada!
7. f. Tudo, e você? ou b. Tudo!

B.
1. Essa é a minha dentista Solange.
2. Estes são Rodrigo e Avanir, os meus colegas.
3. Aquele é o Pedro, o meu médico.
4. Aquelas são as minhas secretárias a Giovanna e a Natália.

Lição B

Panorama

Números I

As respostas podem variar.

Lição B

Construção do conteúdo

A.
1. precisamos
2. precisam
3. precisa
4. preciso
5. precisa_

B.
1. liga
2. ligamos
3. ligo
4. liga
5. liga

C.
Júnior: Oi, Marcela. Tudo bem?
Marcela: Oi, Júnior. Tudo e você?
Júnior: Tudo bem. Marcela, eu preciso falar com a Marta.
Você liga sempre pra ela, né?
Marcela: Eu ligo.
Júnior: Você precisa ligar para ela hoje?
Marcelo: Hoje não.

D. As respostas podem variar.

Lição B

Ampliação do vocabulário

A.
Respostas possíveis
1. d) e) f) h)
2. c) e) g)
3. a) b) f) (algo para um amigo)
4. a) b) f) (algo para um amigo)
5. c) e) g)
6. h)
7. d)

B.
1. 8888-9191
2. R$ 3,00 - R$ 6,00
3. 8888-4752

Lição C
Construção do conteúdo
A.
1. Isto *ou* Isso (na conversação)
2. isto *ou* isso (na conversação)
3. Aquilo
4. Isto *ou* Isso (na conversação)

B.
a. 3
b. 4
c. 1
d. 2
e. 3
f. 1
g. 4

C.
1. em
2. em
3. na
4. em
5. no

C. As respostas podem variar.

Lição C
Ampliação do vocabulário
A.
1. A minha esposa é motorista de táxi.
2. Ela é minha amiga.
3. Qual o nome da sua mãe?
4. Ele sempre liga para a namorada.
5. Onde mora o seu colega?
6. Ela é filha única.

B.
As respostas podem variar.

Lições A, B e C
Compreensão auditiva
1. Marina
telefone: 888-2536
email: marina.castro@muitoprazerlivro.com.br
residência: São Paulo
2. Ricardo
telefone: (85) 888-0170
email: ricaneves@muitoprazerlivro.com.br
residência: Fortaleza
3. Sandra
telefone: 888-8944
email: Sandra_5@muitoprazerlivro.com.br
residência: Brasília

Lições A, B e C
Aplicação oral do conteúdo
As respostas podem variar.

Leitura
Recados
1. e.perez@muitoprazerlivro.com.br
2. 99888-8844
3. Av. da Independência, 22, Salvador

Consolidação lexical
As respostas podem variar.

Unidade 3

Lição A
Construção do conteúdo
A.
1. O nome dele é Gilbert.
Ele é cantor/ A profissão dele é cantor.
Ele é americano.
Ele tem 23 anos (vinte e três).
2. O nome dele é Erika.
Ela é chefe de cozinha.
Ela é africana ou Ela é sul-africana.
Ela tem 35 anos (trinta e cinco).
3. O nome dele é Caio e o dela é Priscila.
Eles são bailarinos.
Eles são brasileiros.
Ele tem 20 anos (vinte) e ela tem 21 (vinte e um).

B.
1. dela
2. seus – dele
3. dele – dela
4. delas – delas – nossas

C. As respostas podem variar.

Lição A
Ampliação do vocabulário
A.
1. Os cônjuges devem assinar os documentos aqui.
2. Os amigos são da Finlândia.
3. Os meus pais têm 55 anos.
4. Quem são aqueles namorados?
5. Os colegas estudam de manhã.
6. Os nossos filhos são crianças.

B.
1. filha
2. amigo

3. marido
4. pai

Lição B
Construção do conteúdo
A.
1. pode
2. pode
3. podemos
4. podem
5. posso

B.
1. pode – posso
2. podemos – podemos
3. podem – podem – pode

C.
1. mil trezentos e sessenta
2. mil oitocentos e vinte e dois
3. setecentas e oitenta e nove
4. seiscentos e noventa e quatro

D.
As respostas podem variar.

Lição B
Ampliação do vocabulário
A.
1. Seguro: 13 45 90 563
Data de nascimento: 26/08/1985
Telefone: 11 - 8888-2121
E-mail: hermo.corali@muitoprazerlivro.com.br
Profissão: professor
Endereço: Avenida José Maria, 17, apto. 34, São Paulo, SP.

2. RG: 011 874 946 - 67
CPF: 592 066 74X - 25
Data de nascimento: 03/06/2003
Matrícula: 1069514

B.
As respostas podem variar.

Lição C
Construção do conteúdo
A.
1. daqui – daí
2. de lá – de lá

B.
1. quero
2. querem – queremos
3. quer – quer
4. quer – quer – quero

C.
As respostas podem variar.

Lição C
Ampliação do vocabulário
A.
a. (são) oito e quinze
b. (é) uma hora
c. (são) seis e cinquenta e cinco / (são) cinco para as sete
d. (são) cinco e vinte
e. (são) dez e cinco
f. (é) meio dia e meia
g. (são) seis e vinte e cinco
h. (são) quinze para as três / (são) quatorze e quarenta e cinco
i. (são) nove e trinta e cinco/ (são) vinte e uma e trinta e cinco/ (são) vinte e cinco para as dez
j. (são) cinco para a meia-noite

C. As respostas podem variar.

Lições A, B e C
Compreensão auditiva
1. a. americana
b. 36
c. inglês

2. a. 6:35h *ou* 18:35h
b. na escola
c. 13

3. a. Fonseca
b. 87.432.556-HR
c. (11) 888-0744

Lições A, B e C
Aplicação oral do conteúdo
A. As respostas podem variar.

B. As respostas podem variar.

Leitura
A. 1. a, b, c, f, g

As respostas podem variar.

B.
1. Assiste a uma série na Netflix.
2. Ele sai de casa às 9h30.
3. Ela chega em casa às 9h00.
4. Susan trabalha à noite.

Consolidação lexical
As respostas podem variar

Pronúncia do Português – parte 1

D.
a. (A)
b. (F)
c. (F)
d. (A)
e. (A)
f. (A)
g. (A)
h. (F)

Exercício: Improvise um diálogo curto com um colega usando as seguintes palavras.
As respostas podem variar

Revisão das Unidades 1 a 3

A.
1. b. esta
2. a. aquela
3. a. isso
4. b. dela
5. a. daqui

B.
1. posso, tem
2. quer, ligar
3. manda
4. é
5. compra
6. precisa
7. quer, posso
8. mora

C.
1. Eu preciso ligar para a minha chefe.
2. Esta é a Gabi, minha amiga/ Esta é a minha amiga Gabi.

D.
1. Qual é o seu sobrenome?
2. Oi, tudo bem?
3. Qual é o seu e-mail?
4. Quantos anos eles têm?
5. De onde você é?
6. Que horas são?
7. Eles são médicos?/ Eles são (profissão diferente de dentista)
8. Você vai à festa amanhã?

E.
1. o feminino:
Eu moro em Curitiba. Tenho 32 anos e <u>duas filhas</u>. Sou <u>brasileira</u> e <u>diretora</u> de uma escola. Eu trabalho até as 18 horas. <u>Minhas filhas</u> e eu temos planos. Queremos viajar com <u>uma amiga</u> para Fortaleza. <u>Ela</u> é <u>canadense</u>. Acho que vamos viajar em agosto.

2. o masculino:
<u>O Paulo</u> é <u>meu amigo</u>. <u>Ele</u> é <u>brasileiro</u>. <u>Ele</u> mora no interior. É <u>casado</u> e tem <u>dois filhos</u>. <u>Ele</u> é <u>professor</u> de francês. <u>Ele</u> acorda cedo todos os dias. <u>Seus filhos</u> também são <u>professores</u>.

F.
1.
Aquele livro é de chinês? Eu quero um livro de japonês. Este caderno é meu. Essa caneta é nossa. E aquele dicionário é seu.

2.
1.
A: O que vocês querem comprar?
B: Queremos comprar duas casas.

2.
A: Quem são aqueles homens?
B: Eles são meus irmãos

Unidade 4

Lição A

Construção do conteúdo

A.
1. <u>estarão</u> *ou* <u>vão estar</u>
2. <u>Terei</u> *ou* <u>Vou ter</u>
3. <u>irão</u> *ou* <u>vão (*vão ir* não é comum)</u>
4. <u>serão</u> *ou* <u>vão ser</u>
5. <u>precisaremos</u> *ou* <u>vamos precisar</u>

B.
Taxista: <u>Vai assistir</u> *ou* <u>Assistirá</u> a um show?
Passageira: Hoje uma cantora famosa <u>vai fazer</u> *ou* <u>fará</u> um show lá, mas eu não <u>vou ver</u> *ou* <u>verei</u>.
Taxista: Que pena! Minha filha <u>vai estar</u> *ou* <u>estará</u> lá.
Passageira: É. Dizem que o show <u>vai ser</u> *ou* <u>será</u> maravilhoso.
Taxista: <u>Vai ser</u> *ou* <u>Será</u> sim. Ela é ótima e tem milhões de fãs.
Passageira: O nome dela é Bárbara Luz. Ela <u>vai</u> <u>cantar</u> *ou* <u>cantará</u> suas músicas novas.
Taxista: Bárbara???? <u>Será</u> que ela é a cantora?

C.
As respostas podem variar.

Lição A

Ampliação do vocabulário

A.
1. Motorista: Oi. Bom dia.
Sávio: <u>Bom</u> <u>dia</u>.

Motorista: Pro Leblon, né?
Sávio. Isso. Hotel Marina.
Motorista: Perfeito.
(no Leblon...)
Motorista: Chegamos. Você vai pagar em dinheiro?
Sávio: Vou.
Motorista: Deu R$ 65.
Sávio: Tenho uma nota de R$ 100.
Motorista: Você não tem trocado?
Sávio: Espera aí. Tenho R$ 70.
Motorista: Ótimo. Obrigada.
Sávio: De nada.

2. Caixa: Boa tarde! Posso ajudar?
Rita: Boa tarde. Quero pagar estas contas, por favor.
Caixa: Certo. O total é R$ 89,90.
Rita: Aceita cheque?
Caixa: Desculpe, senhora. Dinheiro ou cartão...
Rita: Certo. Só tenho uma nota de R$ 100,00.
Caixa: Obrigada, aqui está seu troco: 10 reais e 10 centavos.
Rita: Obrigada.

3. Klaus: Bom dia, quanto está a cotação do euro?
Atendente: Para compra R$ 6,14 e venda R$ 6,15
Klaus: Por favor, quero vender € 1.000.
Atendente: São 6.150,00 em reais. Bem-vindo ao Brasil!
Klaus: Obrigado.

B. As respostas podem variar.

Lição B

Construção do conteúdo

A.
1. Preciso depositar um dinheiro no banco, mas não posso sair do escritório antes das 16 horas.
2. Cátia quer comer comida mexicana, mas o restaurante não vai abrir hoje.
3. Minha assistente não é daqui, mas as pessoas não notam seu sotaque.
4. Tenho que ligar para um amigo, mas meu celular não está bom.
5. Minha esposa e eu moramos aqui, mas preferimos um lugar mais calmo.
6. Os motoristas dirigem mal, mas usam o cinto de segurança.
7. Eles sabem que não podem fumar no prédio, mas continuam fazendo isso.

B.
1. incoerente. "Quero jantar, mas estou sem fome."
2. incoerente. "Ilma não é nem alta, nem baixa, ou seja, tem estatura mediana."
3. coerente
4. coerente
5. incoerente. "Elas não querem pagar em dinheiro, mas vão pagar com cartão."

C. As respostas podem variar.

Lição B

Ampliação do vocabulário

A.
Marta
entrada: –
prato principal: prato feito com peixe
bebida: limonada
Luís
entrada: –
prato principal: filé com fritas
bebida: cerveja
Filomena
entrada: –
prato principal: feijoada
bebida: suco de abacaxi

B.
As respostas podem variar.

Lição C

Construção do conteúdo

A.
1. (F) Clarinha está com sono.
2. (F) Jônatas está com sede.
3. (V)
4. (F) Dona Júlia está com calor.

B.
Hilda: Gustavo, estou com vontade de comer batata frita. Vamos?
Gustavo: ... Onde você quer comprar a batata?
Hilda: ...
Gustavo: Mas, eu não estou com vontade de comer batata. Quero comer massa.
Hilda: ... Enquanto eu compro a batata, você pega a massa...
Gustavo: Você tem bastante tempo? Depois do almoço eu vou tomar *ou* tomo um café.
Hilda: Eu sempre esqueço que você precisa tomar café depois do almoço. Nós iremos *ou* vamos a pé, mas acho que temos tempo.

C. As respostas podem variar.

Lição C

Ampliação do vocabulário

A.
1. Manuel e Maria
local: shopping
sobremesa: sorvete
bebida: capuccino

2. Lígia e Victoria
local: casa da Victoria
sobremesa: pudim de leite e bolo de cenoura
bebida: chá (de camomila) e cafezinho

B.
As respostas podem variar.

Lições A, B e C
Compreensão auditiva
1. correr – nem correr, nem estudar – ver um filme
2. comer – nem passear, nem dormir – comer
3. andar a pé – nem andar a pé, nem pegar o ônibus – andar a pé

Lições A, B e C
Aplicação oral do conteúdo
As respostas podem variar.

Leitura
A.
As respostas podem variar.

B.
1. Rua Vergueiro, 8980
2. Das 10 às 18h.
3. As respostas podem variar. Opções: bolos, doces, salgados, sequilhos, cupcakes e bolos de aniversário.

Consolidação lexical
As respostas podem variar.

Unidade 5

Lição A
Construção do conteúdo
A.
1. está – estou
2. está – está
3. estão – estão – estou

1. João: Você é o Antônio?
Antônio: Sou sim. E você é o Pedro, não é?
João: Sou. Quanto tempo, cara.
Antônio: Nossa. É verdade. Uns 10 anos, né?

2. Júlio: Com licença, o senhor é o professor Carlos?
Carlos: Eu mesmo. E você é...?
Júlio: Eu sou o Júlio. Seu aluno do 5º ano.

3. Marcelo: Por que matemática é tão difícil?
Larissa: É verdade. Matemática é impossível de entender.

C.
1. Joaquim: Você está feliz, Maurício?
Maurício: Estou sim. E você não, Joaquim?
Joaquim: Claro que estou. Esta festa está sensacional.
Maurício: Nossa. Aquela é a Suzana?
Joaquim: Não. Aquela é a Sílvia. A Suzana é morena e baixa. A Sílvia é loira e alta.
Maurício: Ah. É verdade.
Joaquim: E aqueles? Quem são eles?
Maurício: O Gildardo e a Nancy. Eles são muito simpáticos. Eles são holandeses.

D.
Josué: Karina, aonde você quer ir hoje?
Karina: Não sei. Ao parque? Você acha que está aberto?
Josué: Acho que sim. Você quer ir?
Karina: Eu quero. Minha irmã também quer.
Josué: Ela gosta de fazer exercícios?
Karina: Acho que não.
Josué: Então é melhor ela ficar.
Karina: É... Acho que sim.

E. As respostas podem variar.

Lição A
Ampliação do vocabulário
A.
1. Eles estão adiantados.
2. Nós estamos cansados.
3. A sala está vazia.
4. O ônibus está lotado.
5. Elas estão livres hoje.

B.
1. Eles estão atrasados.
2. Nós estamos descansados.
3. A sala está cheia.
4. O ônibus está vazio.
5. Elas estão ocupadas hoje.

1. André está atrasado.
2. A prova está difícil.
3. O trem está vazio.
4. Flávia e Eduardo estão cansados.

Lição B
Construção do conteúdo
A.
trabalho – à *ou* de
estudam – depois *ou* antes
trabalha – de
estudamos – às
estuda – às *ou* antes das *ou* depois das
trabalham – à *ou* de

B.
As respostas podem variar.

C.
As respostas podem variar.

Lição B
Ampliação do vocabulário

A. Atividade	A que horas?
1. praticar esportes	3:00 (da tarde) ou 15:00
2. trabalhar até tarde	10:00 (da noite) ou 22:00
3. lavar louça	8:00 (da noite) ou 20:00
4. chegar em casa	11:30 (da manhã)
5. jantar	6:00 (da tarde) ou 18:00

B. As respostas podem variar.

Lição C
Construção do conteúdo
A.
1. De onde
2. Quantos
3. O que
4. Onde ou Por que
5. Onde
6. Qual
7. Como
8. Quem ou Qual ou Como

B.
Celina: Oi. Desculpa, como você se chama?
Ivete: Ivete. Qual é o seu nome?
Celina: Celina. Eu moro aqui com meu marido e meus filhos. Onde você mora?
Celina: Mesmo? Que distraída! Quem mora com você?
Ivete: Moro sozinha. Quantos filhos você tem?
Ivete: Que gracinha! De onde vocês são? De Brasília mesmo?

C. As respostas podem variar.

Lição C
Ampliação do vocabulário
A.
1. Márcia: Vamos pra academia mais tarde? Quero fazer uma aula de yoga para relaxar.
Cris: Que horas é a aula?
Márcia: É às 20h00. Dá tempo! Vamos!
Cris: Está bom. Mas eu estou cansada. Só vou fazer esta aula e ir pra casa.

2. Mauro: Já estou indo. Até a noite!
Solange: Espere um pouco, querido... você precisa tomar café!
Mauro: Estou atrasado! Preciso chegar no trabalho em 30 minutos. Tenho uma reunião que vai começar às 8h00!
Solange: Você pode comprar algumas coisas no supermercado quando voltar? Aqui está a lista.
Mauro: Tudo bem, mas acho que vou trabalhar até as 8 hoje. Meu dia vai ser complicado.
Solange: Obrigada, querido, nós conversamos mais tarde!

3. Mãe: Carol, vamos logo! Você já está atrasada!
Filha: Já vou, mãe! Por que nós moramos tão longe da escola?
Tenho que acordar tão cedo. Minhas amigas moram mais perto da escola!

Lições A, B e C
Compreensão auditiva
1. 17:15 – ir pro shopping – no ônibus
2. livre – domingo – do Rio
3. não manda o arquivo - uma página - escaneia o arquivo

Lições A, B e C
Aplicação oral do conteúdo
As respostas podem variar.

Leitura
A.
1. Maria acorda antes das 7 da manhã e Pedro acorda às 7:00 da noite.
2. Maria
3. Pedro
4. Maria

B.
As respostas podem variar.

Consolidação lexical
As respostas podem variar.

Pronúncia do Português – parte 2
Exercício: Improvise um diálogo curto com um colega usando as seguintes palavras:
As respostas podem variar.

Revisão das Unidades 4 e 5
A.
1. b
2. c
3. a
4. b
5. b

B.
1. estará – acordar
2. viajar – viajar - viajar
3. acham – está – acho - estou
4. podem
5. será - fazer
6. são – estou – está
7. vai
8. vão – vamos

C. 1. Nós não queremos almoçar naquele restaurante italiano.

2. Enquanto você fala com o Pedro, eu ligo para o Marcelo *ou* Enquanto você fala com o Marcelo, eu ligo para o Pedro.

D. 1. Quando você estuda?
2. Cadê meu celular? *ou* Onde está meu celular?
3. Que língua você fala bem? *ou* Quais línguas você fala?
4. O que você quer fazer?
5. O Pedro está adiantado?
6. Quantas vezes por semana você estuda português?
7. Onde a Maria está?
8. Por que você está estudando português?

E.
O Mauro está descansado/relaxado. Todo dia chega cedo no trabalho. Quase nunca ele está ocupado.

F.
Está muito frio hoje. Estamos com frio.

G.
As respostas podem variar.

Unidade 6

Lição A
Construção do conteúdo

A.
1. João vai na aula de inglês.
2. Francisca vai na academia.
3. Ele vai no futebol às sextas.
4. O convite da Francisca é: "Vamos no teatro no sábado?" O convite do Júlio é: "Vamos no clube no domingo?"
5. As respostas podem variar.
6. As respostas podem variar.

B.
1. Ela tem que estudar.
2. Ele tem que viajar.
3. Elas têm que ir no supermercado.
4. Ele tem que fazer o jantar.
5. Eles têm que mudar de casa.
6. Ela tem que limpar a casa.

C.
Rosário: Breno, você quer ir no cinema comigo na sexta?
Breno: Na sexta... Desculpa, não posso. Tenho que viajar a trabalho.
Rosário: Jura? Que chato! Você pode na semana que vem? A gente pode ir na quarta-feira. É até mais barato.
Breno: Na quarta tenho que trabalhar até tarde. Você não pode na quinta?
Rosário: Bem, na quinta eu vou para a casa da minha irmã. É aniversário dela.
Breno: Meu Deus! Acho que é impossível. Convida a Marcela.
Rosário: Ela não pode. Ela vai para a praia. Acho que eu vou sozinha...

D. As respostas podem variar.

Lição A
Ampliação do vocabulário

A.
Possíveis respostas:
tênis-quadra-caminhada
sapatos de balé-academia-dança
pesos de ginástica-academia-ginástica
óculos e touca de mergulho-piscina-natação

B.
As respostas podem variar.

Lição B
Construção do conteúdo

A.
vou
vamos
vão
vão
vai

B.
1. gosta de – gosto de
2. gosta de – gostamos
3. gostam de – gostam de
4. gostam – gostamos de

C.
Salete: Regina, meu namorado da Alemanha está aqui!
Regina: Legal. Vocês vão se casar?
Salete: Acho que sim. Ele gosta do Brasil.
Regina: Você acha que ele vai ter problemas de adaptação?
Salete: Acho que não. Escuta, quero fazer uma festa para ele.
Regina: Tá bom. Você vai fazer um jantar ou uma festa mesmo?
Salete: Não sei... Ele não gosta de festas. Você acha que podemos fazer um jantar na sua casa?
Regina: Podemos sim, claro. Vocês gostam de comida italiana?
Salete: Gostamos.
Regina: Então eu vou comprar uma lasanha.
Salete: Que delícia!!!

D. As respostas podem variar.

Lição B
Ampliação do vocabulário

A.
1. Rogério
2. Pérola e Hugo

3. Manuel e Maria
4. Pérola
5. Manuel
6. Ana Maria
7. Manuel tem 68 e Maria tem 65 anos

B.
As respostas podem variar.

Lição C
Construção do conteúdo
A.
1. Ela está fazendo uma ligação *ou* ligando para alguém.
2. Ela está estudando *ou* lendo.
3. Eles estão acordando *ou* se levantando.
4. Ele está lavando a louça.
5. Elas estão tomando café da manhã *ou* comendo.
6. Ela está indo para a escola.

B.
1. ela está cansada
2. eu quero
3. ela está atrasada
4. eles têm que trabalhar
5. A resposta pode variar.

C.
1. sabe – sei – sabe
2. sabem – sabemos
3. sabe – sei
4. sabe – sabe – sabemos

D. As respostas podem variar.

Lição C
Ampliação do vocabulário
A.
Juliana a pé
perto (dois quarteirões)
Mateus de ônibus
longe (cinquenta quilômetros)
Eduardo de avião longe

B. As respostas podem variar.

Lições A, B e C
Compreensão auditiva
Leonice
1. está lendo
2. está cansada hoje
3. vai sair com a tia
Heloísa:
1. vai de metrô
2. quer ir pro teatro
3. vai sair com o irmão

Lições A, B e C
Aplicação oral do conteúdo
A. As respostas podem variar.

B. As respostas podem variar.

Leitura
A.
1. O Terminal Rodoviário Tietê.
2. 21 estados brasileiros
3. O terminal funciona 24 horas por dia

Consolidação lexical
Árvore Genealógica
As respostas podem variar.

Unidade 7

Lição A
Construção do conteúdo
A.
1. está – estou – está
2. é
3. está
4. são – são
5. está – estou – estou

B.
Aluno: Oi, professor. Desculpa. Estou atrasado.
Professor: De novo? Por que você sempre se atrasado? Você vem de ônibus para cá?
Aluno: Não. Eu venho de metrô. Mas vou para casa depois da aula de ônibus.
Professor: E suas amigas? Elas também estão atrasadas. Como elas vêm para a aula?
Aluno: Acho que elas vêm de carona. Mas vão para casa a pé.
Professor: Precisamos conversar sobre isso.
Aluno: Está bem, mas o senhor às vezes chega atrasado também. O senhor vem de ônibus ou trem?
Professor: Não, eu venho de carro, mas moro muito longe e o trânsito às vezes é muito ruim.

C. As respostas podem variar.

Lição A
Ampliação do vocabulário
A.
T: Oi, Duda! Tdb? Q sdds!!!!! Aqui tá td ótimo! Praia maravilhosa. Aproveitando muito.
E vc? Qdo vai vir aqui?
E: Oi, Tony. Vou em breve. Ainda tô trabalhando.
T: Blz. Vc vem de ônibus ou de carro? Pode trazer refri e carne pro churrasco?

E: Claro!
T: O Marquinhos tá aqui. Ele pode te buscar de carro. Vc quer? É só avisar.
E: Tá. Legal. Obg. Bj.

B.
1. carne e refrigerante
2. ao supermercado
3. a mãe do Tony

Lição B
Gramática
A.
2. Não tem um parque no bairro.
3. Tem uma loja de sapatos no bairro.
4. Tem um cinema no bairro.
5. Tem uma farmácia no bairro.
6. Não tem uma igreja no bairro.
7. Tem uma livraria no bairro.

B.
As respostas podem variar.

C.
As respostas podem variar.

Lição B
Ampliação do vocabulário
A.

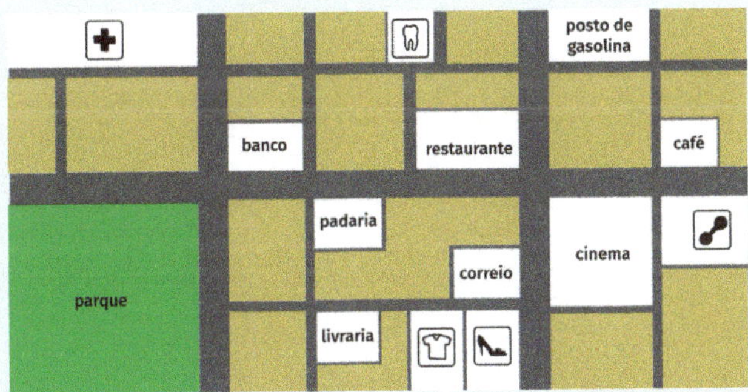

B.
As respostas podem variar. Algumas possibilidades:
supermercado: fazer compras
cinema: assistir a filmes
shopping center: assistir a filmes, fazer compras, comer, almoçar, comprar livros ou remédios, retirar dinheiro, tomar café
correio: postar pacotes
restaurante: almoçar, comer, jantar
parque: caminhar, conversar, correr
farmácia: fazer compras, comprar remédio
posto de gasolina: encher o tanque
padaria: tomar café
livraria: comprar livros, conversar
banco: pagar contas, retirar dinheiro

C. As respostas podem variar.

Lição C
Construção do conteúdo
A.
1. Júlio: Carlinhos, você conhece este homem?
Carlinhos: Conheço. Ele é ator.
...
Carlinhos: Esta eu não conheço. Quem é?
...

2. Xavier: Carmem, sua irmã prefere dançar ou ir a um restaurante?
Carmem: Dançar. Ela conhece muitas casas noturnas por aqui.

3. Ivone: Eu quero ir para a França. Você conhece a França?
Thiago: Não, mas meus pais conhecem. Eles viajam todo ano.
Ivone: Eles preferem a França ou a Inglaterra?
Thiago: Acho que eles preferem a Inglaterra, porque eles falam inglês.

B.
1. onde
2. quem
3. como
4. onde
5. qual

C. As respostas podem variar.

Lição C
Ampliação do vocabulário
A.
3/1/2/4

B.
Diálogo 1: terças e quintas – academia
Diálogo 2: 3 vezes por semana – escola
Diálogo 3: todos os dias – academia
Diálogo 4: domingo – clube

Lições A, B e C
Compreensão auditiva
1. cansada – não
2. é ocupado – o restaurante
3. ir pra academia – normal – para o parque

Lições A, B e C
Aplicação oral do conteúdo
A. As respostas podem variar.

B. As respostas podem variar.

Leitura
A.
pista de cooper *ou* pista de corrida: corrida

trilha para caminhada: caminhada
ciclovia: bicicleta
aparelhos de ginástica: ginástica
quadras: basquetebol
playground: brincadeiras

A.
1.
a. Parque da Aclimação
b. Parque da Aclimação
c. Parque Ibirapuera
d. Parque da Aclimação e Parque Ibirapuera

2.
a. Parque Ibirapuera
b. Parque da Aclimação e Parque Ibirapuera
c. Parque da Aclimação e Parque Ibirapuera

Consolidação lexical
A. As respostas podem variar.

B. As respostas podem variar.

Pronúncia do Português – parte 3
C.
Manuel: Paulão! Você aqui no aeroporto? Vai viajar?
Paulão: Meus pais estão chegando de Niterói. Mas, me fala. Como está a Júlia?
Manuel: Bem. Está em Brasília hoje.
Paulão: E seus filhos? Quais os nomes deles mesmo?
Manuel: Rogério e Fabrício. O mais velho está no Uruguai estudando.
Paulão: Bem, bom te ver. Ah, depois de amanhã é meu aniversário. Passa lá em casa.
Manuel: Falou. A gente se vê.

Revisão das Unidades 6 a 7
A.
1. a
2. b
3. b
4. c
5. a

B.
1. estou, trabalhando, vou
2. tenho
3. veja, ir
4. tem, buscar
5. é, estudar
6. acha
7. conhece, sabe
8. prefiro

C.
1. Você quer ir no cinema hoje?
2. Como ele se chama mesmo?

D. Respostas possíveis:
1. Quando você estuda português?
2. Onde está o meu celular? *ou* Cadê o meu celular?
3. Nós vamos para o cinema. Quer ir?
4. Quem são eles?
5. O que você está fazendo?
6. Para onde você gosta de ir nos finais de semana?
7. Você conhece a Rose?
8. Você pratica esportes?

E.
1. Nós preferimos andar de carro.
2. Vocês têm mais experiência do que nós.
3. Elas estão descansadas.
4. Eles precisam ir. Estamos atrasados.

F.
1. Ele <u>é</u> estranho.
2. Eu <u>sou</u> ocupado.

G. As respostas podem variar.

Textos de Áudio

Unidade 1

Lição A

Ampliação do vocabulário

A.

1.

A: O seu nome é Jorge Gonçalves?
B: É. Gonsalves com "s".
A: Como?
B: G – O – N – S –A – L – V– E – S

2. A: Mike da Silva?
B: Isso.
A: Mike se escreve com "i"?
B: Não. Meu nome é M – A – I – Q – U – E.
A: M – A – I – Q – U – E?
B: Isso.

3. A: O meu nome é Júlio Xavier.
B: Chavier com "ch"?
A: Não, com "x". X – A -V – I – E – R.

4. A: O seu nome, por favor?
B: Luiz.
A: Luiz com "s" ou com "z"?
B: Luiz com "z".

5. A: Qual é o seu nome?
B: Nanci.
A: N – A – N – C – I?
B: Isso. Nanci com "i".
A: Obrigada.

Lições A, B e C

Compreensão auditiva

A.

1. Júlia: Bom dia. Eu sou a Júlia. Como vai?
Paulo: Bem, obrigado. Muito prazer, Júlia.
Júlia: O prazer é meu.
Paulo: Bem, Júlia, sente-se.
Júlia: Obrigada.
Paulo: Qual é o seu sobrenome?
Júlia: Silva.
Paulo: Ok, e você é secretária, certo?
Júlia: Não, não. Sou advogada.
Paulo: Ah, me desculpe.

2. Roberto: Oi, Sandro. Tudo bem?
Sandro: Tudo. E você?
Roberto: Tudo bem... Sandro, qual é o seu sobrenome?
Sandro: Ferrera.
Roberto: Ferrera? Como se escreve?
Sandro: F – E – R – R – E – R – A
Roberto: Hum. Diferente. Bem, obrigado. Tchau.
Sandro: Tchau. Até amanhã.

3. Ana: Com licença, você é o John?
John: Sou.
Ana: Oi, John, tudo bem? Eu sou a Ana. Amiga do seu pai.
John: Oi, Ana. Tudo bem?
Ana: Por que seu nome é John? Seu pai é brasileiro, não é?
John: É, mas minha mãe não é brasileira.
Ana: Ah!

Unidade 2

Lição B

Ampliação do vocabulário

B

1. Entrevistadora: Qual é o seu telefone?
Stella: 8888-9191
Entrevistadora: Você poderia repetir, por favor?
Stella: Sim, claro. 8-8-8-8-9-1-9-1
Entrevistadora: Ah, obrigada!
Stella: De nada!

2. Comprador: Por favor, quanto é isso?
Vendedor: Seis reais, senhor.
Comprador: Três?
Vendedor: Não, seis reais.

3. Patrícia: Que bom te ver, Vanessa! Me liga! Você tem o meu celular?
Vanessa: Acho que não...
Patrícia: É 8888-4752.
Vanessa: Pode repetir?
Patrícia: 8888-4752...

Lições A, B e C

Compreensão auditiva

1. Homem: Por favor, Marina. O número do seu telefone é 888-2436?
Marina: Não. É 888-2536.
Homem: Ok, e onde você mora? Aqui em Belo Horizonte mesmo?
Marina: Não, eu moro em São Paulo.
Homem: Qual seu endereço de e-mail?
Marina: É marina.castro@muitoprazerlivro.com.br

2. Rafael: Leandro. O que é aquilo em cima da mesa?
Leandro: Não sei, acho que é uma calculadora.
Rafael: Vamos ver.
Leandro: Isto não é uma calculadora. É uma agenda.
Rafael: Tem nome?
Leandro: Tem. É Ricardo.
Rafael: E e-mail?

Leandro: hmmm Aqui! É ricaneves@muitoprazerlivro.com.br
Rafael: Procura um telefone também.
Leandro: Aqui. É (85) 888-0170
Rafael: Esse Ricardo mora aqui em São Paulo?
Leandro: Não, mora em Fortaleza.
Rafael: Eu envio um e-mail.
Leandro: Legal. Obrigado.

3. Operadora: Banco Brasileiro, bom dia.
Sandra: Bom dia. Preciso transferir um dinheiro.
Operadora: Pois não. Preciso conferir alguns dados. Qual o seu e-mail?
Sandra: sandra_5@muitoprazerlivro.com.br
Operadora: Mora em que cidade?
Sandra: Brasília.
Operadora: Seu telefone?
Sandra: 888-8944
Operadora: Qual a quantia?

Lição A

Ampliação do vocabulário

B.

1. Pai, cadê você?
2. Oi? Ricardo? Vamos pra casa do Pedro? Todos nossos amigos estão lá!
3. Por favor, minha esposa está?
4. Filha, você tem lição de casa?

Lição B

Ampliação do vocabulário

A

1. Atendente: Próximo!
Hermógenes: Olá.
Atendente: Bom dia. Tem consulta com o Dr. Marcos?
Hermógenes: Isso.
Atendente: Qual é o seu nome, por favor?
Hermógenes: Hermógenes Corali.
Atendente: Data de nascimento?
Hermógenes: 26 do 8 de 1985.
Atendente: Profissão?
Hermógenes: Professor.
Atendente: Certo. Onde você mora?
Hermógenes: Agora eu moro na Rússia.
Atendente: Mas você tem um endereço no Brasil?
Hermógenes: Tenho sim. É avenida José Maria, número 17, apartamento 34.
Atendente: São Paulo?
Hermógenes: Isso. São Paulo.
Atendente: E qual é o seu telefone?
Hermógenes: É 8888-2121.
Atendente: Tá. E o e-mail?
Hermógenes: hermo.corali@muitoprazerlivro.com.br
Atendente: Qual é o número da sua carteirinha do seguro?
Hermógenes: 13-45-90-563.
Atendente: Obrigada. É só aguardar.
Hermógenes: Ok. Obrigado.

2. Cristina: Bom dia. Eu gostaria de fazer o documento do estudante.
Atendente: Você tem uma foto aí? Preciso escanear.
Cristina: Tenho. Aqui.
Atendente: OK. Vamos preencher a ficha. Nome completo?
Cristina: Cristina dos Santos.
Atendente: Número do RG?
Cristina: 011.874.946-67.
Atendente: Tem o CPF?
Cristina: Sim. É 592.066.74X-25
Atendente: Data de nascimento?
Cristina: 3 de junho de 2003.
Atendente: E qual é o seu curso?
Cristina: Letras. Alemão.
Atendente: Universidade?
Cristina: UniMP.
Atendente: Seu número de matrícula?
Cristina: 1069514.
Atendente: Pronto. Sua carteirinha é digital. É só baixar o aplicativo.
Cristina: OK. Valeu.

Lição C

Ampliação do vocabulário

B.

a. são oito e quinze
b. é uma hora
c. são cinco para as sete
d. cinco e vinte
e. dez e cinco
f. meio-dia e meia
g. seis e vinte e cinco
h. faltam quinze para as três
i. são nove e trinta e cinco
j. vinte e três horas e cinquenta e cinco minutos

Lições A, B e C

Compreensão auditiva

1. Geni: Oi, Júlia. Esse é meu marido Richard.
Júlia: Olá, Richard. Muito prazer.
Richard: Prazer é meu.
Júlia: Você não é brasileiro?
Richard: Excuse me?
Geni: Ele não sabe português, Júlia.
Júlia: Qual a nacionalidade dele?
Geni: Ele é americano.
Júlia: Muito simpático... Quantos anos ele tem?
Geni: 36

2. Martinha: Nossa, que horas são, Robson?
Robson: Seis e trinta e cinco.
Martinha: Preciso ir agora. Não posso mais ficar aqui.
Robson: Por quê?
Martinha: A minha filha sai da escola às seis e meia. Estou atrasada.
Robson: Qual a idade dela?
Martinha: Treze. Ela não pode ir embora de lá sozinha.

3. Homem: Vim fazer o cartão de desconto da loja.
Mulher: Pois não. Para o senhor mesmo?
Homem: Não. Para uma amiga.
Mulher: Qual o nome dela?
Homem: Viviane Fonseca.
Mulher: E o RG dela?
Homem: 87.432.556-HR
Mulher: Você quer a carteirinha normal ou a master?
Homem: Pode ser a master.
Mulher: Ela tem telefone?
Homem: Tem. É (11) 888-0744
Mulher: Um minuto... Aqui está.
Homem: Obrigado.

Unidade 4

Lição B

Ampliação do vocabulário

A.
Garçom: Boa tarde. Mesa para quantas pessoas?
Marta: Três, por favor.
Garçom: Aqui está o cardápio. Vão querer um aperitivo?
Filomena: Pra mim, não, obrigada.
Marta: Nada, Filó? Bem, pra mim, também nada.
Luís: Filó, o que você vai comer?
Filomena: Hum... Hoje é quarta, então eu vou querer uma feijoada! Dizem que a feijoada daqui é muito boa! E para beber, vou querer um suco de abacaxi. E você, Marta?
Marta: Ah... Eu estou de regime. Então vou querer um prato feito com peixe e uma limonada. E você, Luís?
Luís: Eu vou querer um filé com fritas e uma cerveja.

Lição C

Ampliação do vocabulário

A.
1. Manuel: Até que enfim, Maria!
Maria: Ah, foi difícil estacionar o carro! Esse shopping é enorme!
Manuel: Bem, vamos comer?
Maria: Hum... não estou com fome. Vamos só tomar um sorvete?
Manuel: Ah, eu não quero sorvete... vou então tomar um capuccino. Aqui tem uma cafeteria ótima!
Maria: Tá bom. A gente se encontra aqui, certo?

2. Lígia: Que bom que você veio à minha casa, Victoria! Vamos tomar nosso chá da tarde?
Victoria: Vamos. O que tem para comer, Li?
Lígia: Eu fiz um pudim de leite e um bolo de cenoura!
Victoria: Nossa! Tudo isso?
Lígia: E para beber temos vários tipos de chá ou café.
Victória: Eu vou querer o bolo e o pudim! Vou beber um cafezinho... está com um cheiro tão bom...
Lígia: Bom, eu vou comer só o bolo... Adoro bolo de cenoura com cobertura de chocolate! E vou beber um chá de camomila

Lições A, B e C

Compreensão auditiva

1. Cássio: E aí Paulão? Vamos correr no parque hoje?
Paulão: Ah, Cássio. Não estou com vontade de correr, não. Você não prefere ver um filme? Estou cansado pra correr.
Cássio: Não sei. Na verdade, preciso estudar um pouco porque eu vou ter uma prova dia dez.
Paulão: Estudar? Que isso, meu? A prova é só dia dez. Tem um filme ótimo passando e o cinema é perto. Depois do filme você estuda.
Cássio: Então, está. Vou pegar minha carteira e a gente vai ver o filme, mas amanhã nós vamos correr, hein?
Paulão: Amanhã a gente pode conversar sobre isso.

2. Mariana: Irmãzinha... acorda.
Larissa: O quê? O que foi Mariana? Que horas são?
Mariana: Hora de comer! Estou com muita fome.
Larissa: Já? Nossa. Está tarde mesmo. O que vamos fazer hoje?
Mariana: Você quer passear? Ir até a Paulista?
Larissa: Não. Ai, que sono!
Mariana: Quer dormir mais então?
Larissa: Não, chega de dormir. Eu estou com vontade de comer uma omelete com muito queijo. Vamos cozinhar?
Mariana: Legal. Enquanto você faz a omelete, eu faço o café.
Larissa: Perfeito. Hmm.

3. Marcel: Amor, vamos ver aquele show de blues?
Luzia: Aquele festival de blues na rua?
Marcel: Esse mesmo. Eu quero muito ir e a gente pode ir a pé. Será ótimo andar um pouco.
Luzia: A pé? Por quê? Vamos de carro. É muito mais rápido. Odeio andar a pé.
Marcel: Lá não vamos achar vaga para estacionar.
Luzia: A pé não, amor.
Marcel: Será que já começou? Já são 3 horas?
Luzia: Ainda não. São 2 da tarde.
Marcel: Então, temos bastante tempo pra andar.
Luzia: Benzinho, eu não tenho mais vinte anos.
Marcel: Vamos pegar o ônibus então?
Luzia: Ônibus não.
Marcel: Luzia, nós não temos mais vinte anos, por isso precisamos andar mais, fazer mais exercício físico.
Luzia: É... isso é verdade. Vou colocar o tênis.

Unidade 5

Lição B

Ampliação do vocabulário

A.
1. João: Marcelo?
Marcelo: Oi, João! Tudo bem?
João: Tudo.
Marcelo: E aí? Que tal um futebol amanhã?
João: Nossa! Amanhã não dá... tenho aula até as 5:00.

Que tal no domingo? Já tem alguma coisa pra fazer no domingo?
Marcelo: Não. Então está combinado. Que horas? Mesmo horário, às 3:00?
João: Combinado!

2. Mulher: Alô?
Marido: Oi, querida! Tudo bem?
Mulher: Oi, onde você está?
Marido: Ainda estou no escritório. Fico até as 22:00 hoje... Tenho um relatório para acabar e ainda estou na metade...
Mulher: Certo, querido. Te vejo mais tarde.

3. Marido: Obrigado, querida! O jantar estava ótimo.
Esposa: De nada, meu bem... ah..., minha novela é agora às 8h da noite...
Você poderia lavar a louça hoje pra mim, por favor?
Marido: HOJE? Eu lavo a louça depois do jantar TODOS OS DIAS...
Esposa: Mas eu lavo a louça do almoço, cozinho, cuido das crianças, lavo roupa...
Marido: Tá bem, tá bem...

4. Marido: Oi, amor.
Mulher: Oi, onde você está?
Marido: Estou saindo do médico. Chego às 11:30. Vamos almoçar juntos.
Mulher: Certo, um beijo.

5. Mãe: A comida tá na mesa! Vamos jantar!
Filho: Ah, mãe, tá cedo! Estamos assistindo à TV...
Mãe: Não é cedo, não. São 6 horas.

Lição C
Ampliação do vocabulário
B.
1. Márcia: Vamos pra academia mais tarde? Quero fazer uma aula de yoga para relaxar.
Cris: Que horas é a aula?
Márcia: É às 20:00. Dá tempo! Vamos!
Cris: Está bom. Mas eu estou cansada. Só vou fazer esta aula e ir pra casa.

2. Mauro: Já estou indo. Até a noite!
Solange: Espere um pouco, querido... você precisa tomar café!
Mauro: Estou atrasado! Preciso chegar no trabalho em 30 minutos. Tenho uma reunião que vai começar às 8:00!
Solange: Você pode comprar algumas coisas no supermercado quando voltar? Aqui está a lista.
Mauro: Tudo bem, mas acho que vou trabalhar até as 8:00 hoje. Meu dia vai ser complicado.
Solange: Obrigada, querido, nós conversamos mais tarde!

3. Mãe: Carol, vamos logo! Você já está atrasada!
Filha: Já vou, mãe! Por que nós moramos tão longe da escola?
Tenho que acordar tão cedo. Minhas amigas moram mais perto da escola!

Lições A, B e C
Compreensão auditiva
1. Melissa: Alô?
Luciana: Oi Mel. É a Lu.
Melissa: Oi. E aí?
Luciana: Então, Mel, você quer ir no shopping comigo?
Melissa: Agora, Luciana? Que horas são?
Luciana: São 5:15. Você está ocupada?
Melissa: Não, por quê? Eu estou no ônibus.
Luciana: Então, vamos?
Melissa: Acho que sim. Eu te encontro no shopping às 6:30. Pode ser?
Luciana: Ótimo. Até mais.

2. Mulher: Com licença. Este assento está ocupado?
Homem: Não. Acho que está livre.
Mulher: Obrigada
Homem: Como você se chama?
Mulher: Sabrina e você.
Homem: Prazer, meu nome é Rodrigo.
Mulher: O metrô está vazio hoje, né?
Homem: É. É assim aos domingos mesmo.
Mulher: De onde você é?
Homem: Do Rio.
Mulher: Que legal. Você trabalha ou estuda aqui em São Paulo?
Homem: Trabalho.
Mulher: Eu também.
Homem: Preciso ir. Essa é a minha estação. Tchau!
Mulher: Tchau.

3.Paulo: Gerson, você pode enviar esse arquivo escaneado pra mim?
Gerson: Não sei. O scanner está estranho. Deixa eu tentar. Acho que não posso. Está difícil.
Paulo: Que droga. Preciso mandar este documento antes do meio-dia. Já são dez pro meio-dia!
Gerson: Quantas páginas são? Só uma?
Paulo: Só, por quê?
Gerson: Espera aí. Cadê a Vera? Vera!
Vera: Oi, Gerson. Que foi?
Gerson: Você pode escanear esta página para o Paulo com o aplicativo do celular? É urgente.
Vera: Claro. Agora mesmo.
Paulo: Muito obrigado, Vera.
Vera: Que isso.

Unidade 6

Lição C
Ampliação do vocabulário
A.
1. Juliana: Por favor, como eu faço pra chegar ao shopping?

Desconhecido: Ah, é logo ali! Ande só mais dois quarteirões e vire à esquerda. Não tem como errar!
Juliana: Ah, certo! Muito obrigada!
Desconhecido: De nada.

2. Mateus: Mãe, onde fica São Roque?
Mãe: Fica no interior de São Paulo, há uns 50 quilômetros daqui. Por quê?
Mateus: Vai ter uma festa lá este final de semana. Tem ônibus pra lá?
Mãe: Acho que sim. Dá uma ligada pro terminal pra ver os horários...
Mateus: Valeu, mãe.

3. Eduardo: Vamos pro Nordeste neste feriado prolongado?
Márcia: Claro! Mas como iremos? De avião ou de ônibus?
Eduardo: De avião é mais rápido, mas de ônibus é mais barato...
Márcia: Vamos de avião? Não vou conseguir ficar mais de dois dias dentro de um ônibus até chegar lá...
Eduardo: Combinado!

Lições A, B e C

Compreensão auditiva

Leonice: Alô?
Heloísa: Oi Léo. É a Helô. Tudo bem?
Leonice: Oi Helô. Tudo.
Heloísa: O que você está fazendo?
Leonice: Nada, só estou lendo uma revista. Por quê?
Heloísa: O que nós vamos fazer hoje à noite?
Leonice: Não sei ainda. Eu quero ir ao cinema. Tem um filme de terror passando.
Heloísa: Filme de terror? Tenha dó, Léo. Meu irmão acha que tem uma peça de teatro legal no centro da cidade. Você não quer ir com a gente?
Leonice: Como vocês vão? De carro?
Heloísa: Não. Meu irmão quer ir de metrô. É mais fácil.
Leonice: Não sei... estou cansada hoje. Pegar o metrô é complicado.
Heloísa: Você é muito complicada.
Leonice: Não, não é isso, Helô. Eu prefiro ir ao cinema. Acho que eu vou com minha tia, ela gosta de filmes de terror também.
Heloísa: Tá bom, tá bom. A gente se fala depois. Tchau.
Leonice: Tchau, Helô.

Unidade 7

Lição A

Ampliação do vocabulário

B.
Eduarda: Alô?
Tony: Oi, Duda. É o Tony. Então, que horas você vai chegar hoje?
Eduarda: Umas 8h00. Por quê?
Tony: Você precisa ir no supermercado.
Eduarda: Ah, é! O que é que eu preciso levar mesmo?
Tony: Carne e refrigerante. Lembra?
Eduarda: Só isso?
Tony: Acho que sim! Você e o Marquinhos vão buscar a minha mãe, tá? Ela vem com vocês pra praia!
Eduarda: Tá bom! Beijos!
Tony: Beijo, tchau.

Lição C

Ampliação do vocabulário

1. Maria: Você vai pra academia, André?
André: Sim, toda terça e quinta à noite! Eu adoro! Encontro um monte de gente e colocamos os papos em dia!
Maria: E o que você pratica lá?
André: Eu faço musculação. Quero manter a forma.

2. André: E você, Maria? Gosta de *malhar*?
Maria: Eu não..., mas minha filha faz balé! Ela é linda! Já fica na ponta do pé! Ela tem aulas na escola três vezes por semana, às segundas, quartas e sextas.
André: Que legal!

3. *Um, dois, três, quatro, força, vamos pessoal!*
Juliana: Ufa! Estou acabada! Vou parar...
Hanae: Só mais um pouquinho... já está quase acabando...
Juliana: E aí, Hanae? Você vem pra academia amanhã?
Hanae: É claro! Lembra que combinamos vir todos os dias?
Juliana: Lembro, mas amanhã é sexta e quero fazer uma coisa diferente, não crossfit...

4. Junior: A piscina está cheia hoje! Não dá nem para nadar direito...
Silvana: É querido, está calor e é domingo! Todo mundo está aqui no clube hoje...
Junior: O problema é que eu não tenho outro dia pra nadar... só no final de semana.
Silvana: Venha se secar que já é meio-dia. Podemos pedir um lanchinho na lanchonete, o que você acha?
Junior: Ótima ideia! Tô com uma fome...

Lições A, B e C

Compreensão auditiva

1. Marlene: Quem é?
Gisele: Sou eu, a Gisele.
Marlene: Oi, Gi.
Gisele: Não diga não. Vamos assistir a um filme?
Marlene: Hmmm. Não sei, Gi. Eu estou muito cansada hoje.
Gisele: Exatamente. Pra você relaxar.
Marlene: Você sabe qual o cinema que tem o filme?
Gisele: Sei, o Cine Brasil. Você conhece?
Marlene. Não. Vamos de ônibus?
Gisele: Não. Meu irmão tem carro. Ele leva a gente.
Marlene: Tá bom então.

2. Pedro: Márcio, quer almoçar?
Márcio: Estou ocupado agora.

Pedro: Só agora? Você é um cara ocupado. Vamos vai. Estou com fome.
Márcio: Tá. Você prefere comer aqui na lanchonete ou em um restaurante?
Pedro: Prefiro um restaurante. Tem aquele de comida por quilo perto do posto de gasolina. Você conhece?
Márcio: Conheço. Mas, você sabe se eles estão abertos agora?
Pedro: Estão sim. Por que a gente não convida a Cláudia?
Márcio: Ótima ideia. Vou buscar meu celular e nós já vamos.

3. Senhora: Bem, vou fazer exercício.
Senhor: Você vai ao parque?
Senhora: Não. Prefiro fazer a aula de ioga na academia.
Senhor: Tá. Tem um supermercado perto da academia?
Senhora: Tem.
Senhor: Você vai passar lá depois da ioga?
Senhora: Vou. O que você quer?
Senhor: Café. Sabe a marca que gosto?
Senhora: Sei.
Senhor: Você traz para mim, amor?
Senhora: Trago. Você prefere o normal ou o extraforte?
Senhor: Prefiro o normal.
Senhora: Então eu vou para a aula.
Senhor: Eu vou caminhar no parque, tá bom?
Senhora: Até mais tarde então.
Senhor: Tchau.

Sobre as autoras

Glaucia Roberta Rocha Fernandes

Glaucia Fernandes é formada em Letras Português/Inglês (USP) e Letras Russo (USP), licenciada em inglês (USP) e mestre em Estudos Linguísticos e Literários em Inglês (USP) com pesquisa na área de material didático (português e inglês). De 1998 a 2009 ministrou cursos de extensão em língua inglesa para alunos e professores de idiomas na USP (FFLCH) e coordenou os cursos de extensão de 2000 a 2009. É proprietária e coordenadora pedagógica da GRF Assessoria Linguística. Possui vasta experiência em ensino de idiomas iniciada na Concordia University, em Chicago (EUA), onde cursou aulas de Pedagogia e trabalhou como coordenadora de atividades pedagógicas e eventos sociais na ELS Language Centers, escola especializada em ensino de língua estrangeira para todas as nacionalidades. Glaucia é também tradutora e coautora dos livros Muito Prazer – Fale o Português do Brasil (Lexikos Editora) e Fale Tudo em Russo (Disal Editora).

Telma de Lurdes São Bento Ferreira

Mestre em Linguística Aplicada e Estudos da Linguagem pela Pontifícia Universidade Católica de São Paulo e especialista em Tradução Inglês/Português pela Universidade de São Paulo, atua no ensino de idiomas e tradução há mais de vinte anos. Sócia da Lexikos Editora, é coautora do livro "Muito Prazer – Fale o português do Brasil", um curso de português para estrangeiros, coorganizadora do livro "Tecnologias e Mídias no ensino de inglês" e co-editora do livro Working with Portuguese Corpora. É pesquisadora do grupo de estudos de Linguística de Corpus (GELC - PUC-SP/CNPq) e integrante de um projeto para elaboração de um dicionário de colocações baseado em corpus, que será publicado pela Routledge.

Vera Lúcia Ramos

Obteve o título de doutora no programa Estudos da Tradução (USP, 2018). Fez mestrado em Estudos Linguísticos e Literários em inglês (USP, 2008), especialização em Tradução: Inglês/Português (USP, 2002), e graduação e licenciatura em Letras (USP, português e francês, 1987). Como professora, ministrou aulas de português para estrangeiros de 1985 a 2005, em empresas como Sony, Konika Minolta, Toyota e Nisso, principalmente para falantes de japonês, mas também para falantes de francês (FNAC) e inglês (Firestone). Trabalhou como professora universitária no curso de Tradutor e Intérprete e de Letras (inglês/português). Como tradutora, atua na área de tradução técnica e literária, com publicações entre 2005 a 2008, em Scientific American Brasil, Novo Século, Manole, Bertrand Brasil (grupo editorial Record), e atualmente na Martin Claret e Lexikos Editora. Com trabalho de produção textual, escreveu material didático para cursos universitários de EAD entre 2011 a 2013 e é coautora do livro "Muito Prazer: fale o português do Brasil". Como pesquisadora, participa do grupo de pesquisa COMET (Corpus Multilíngue para Ensino e Tradução: USP/CNPq). É cofundadora da editora Lexikos onde atua como editora.

Lexikos
Editora